Herausgegeben vom
Haus der Kulturen der Welt

Die verdammte Inspiration

*Kolumbianische Literatur
nach Gabriel García Márquez*

Verlag Volk & Welt
Berlin

Aus dem Spanischen von Heidi Brang, Dorin Brennecke,
Renate Heckmann, Ulrich Kunzmann, Kurt Scharf,
Gerda Schattenberg-Rincón, Uwe Scheffler, Barbara Schlüter,
Gotthardt Schön, Markus und Peter Schultze-Kraft

Die Deutsche Bibliothek – CIP-Einheitsaufnahme

Die verdammte Inspiration : Kolumbianische Literatur nach
Gabriel García Márquez / [hrsg. vom Haus der Kulturen der Welt.
Aus dem Span. von Heidi Brang …]. – Berlin : Verl. Volk und Welt, 1992
   ISBN 3-353-00894-2
NE: Brang, Heidi [Übers.]; Haus der Kulturen der Welt <Berlin>

Copyright © 1992 für die Herausgabe
Haus der Kulturen der Welt.
Copyright © 1992 für die deutschen Übersetzungen
Verlag Volk und Welt GmbH, Berlin.
Quellen und Rechtsvermerke am Schluß des Bandes.
Alle Rechte der Verbreitung, auch durch Film, Funk und Fernsehen,
fotomechanische Wiedergabe, Ton- und Bildträger jeder Art,
auszugsweisen Nachdruck oder Einspeicherung und Rückgewinnung
in Datenverarbeitungsanlagen aller Art, sind vorbehalten.
Lektorat: Heidi Brang
Einbandgestaltung: Lothar Reher
Gesetzt aus der Garamond Linotype
Satz: deutsch-türkischer fotosatz, Berlin
Druck und Bindearbeiten: Offset Druckerei Wende, Berlin
Printed in Germany
ISBN 3-353-00894-2

Inhalt

Carlos Rincón
Mit dem Geruch der Guayave
Vorwort

Die Anspielungen auf den Geruchssinn, den empfindlichsten der Körpersinne des Menschen, gehören zum Gemeingut der Legende um Gabriel García Márquez. *Hundert Jahre Einsamkeit* erschien 1967 und war nicht nur der erste Bestseller von Format auf dem lateinamerikanischen Buchmarkt und damit eine wirklich neue Erscheinung, sondern auch der einzige literarische Text, dessen Lektüre die italienischen Studenten in der Protestbewegung von 68 zuließen, während die französische Version 1969 in Paris von den Autoritäten der Literatur ausgezeichnet wurde. Der Autor ließ sich inzwischen in Barcelona nieder. Hier schrieb er mit einem festgelegten Stundenplan und geregelten Arbeitstagen an einem neuen Roman. Und plötzlich, 1971, unterbrach er die Arbeit. Er reiste für einige Monate in die Karibik, auf der Suche nach etwas, das diesem neuen Roman fehlte: der Einklang mit der tropischen Wirklichkeit, das Gefühl der Wärme. Im Gespräch mit einem Freund und Journalisten in einer kolumbianischen Stadt an der Karibik prägte er als Teil seiner eigenen Mythologisierung jene Metapher für alle sinnlichen Reize der Tropen, die zu einer Art Erkennungszeichen für ihn wurde: der Geruch der Guayave. Dieser Geruch, den der Leser empfinden soll, wenn er die Seite aufnimmt, die von ihm durchdrungen ist, ist derselbe, der die Suggestivität der Vorstellungskraft des Erzählers bewegt, der den Bogen der Inspiration spannt. García Márquez erzählt die Geschichte so: »Ich begriff endlich, daß ich – nachdem ich mir zwanzig Jahre lang die Seele zerrissen hatte, um den Gipfel zu erreichen, oder das, was ich für den Gipfel hielt – festgefahren, routiniert war, und das schlimmste ist, daß man diese Routine auf das Schreiben überträgt. In Barcelona entdeckte ich eines Tages, das der Roman, an dem ich arbeitete, *Der Herbst des Patriarchen*, ein Schreibtisch-Roman war. Sein Entwurf ist vielleicht sehr gut, aber es fehlt etwas ... irgend etwas fehlt ihm: es ist der Geruch der Guayave, die wahrhaftige Empfindung dessen, was du sagst, die Sicherheit dessen, was du denkst. Das – nicht mehr und nicht weniger. Anfangs glaubte ich wirklich, ich könne arbeiten, als sei ich ein Bankangestellter: feste Arbeitszeit, Büro, Schreibmaschine, Aktentasche. Es war mir zur fixen Idee geworden, zur allmorgendlichen Beklemmung, bis ich eines Tages meine Frau und meine Kinder packte, und es mich im Innersten packte, und es immer noch regnete, als wir in Panamaribo ankamen. Als ich meinen Kopf durch die kleine Tür des Flugzeuges steckte, spürte ich, daß ich gefunden hatte, was ich suchte: Der Regen in Panamaribo war nicht der gleiche wie in Lissabon, und es war der Regen, den ich für meinen Roman brauchte, den ich in allen Ecken meines Hauses gesucht hatte, ohne ihn zu finden. Ich weiß nicht, ob er stärker oder feuchter oder wärmer war, ich kann nicht erklären, was dieser Regen von Panamaribo hatte, aber ich wußte, daß es mein Regen war, der, den ich für den Regen in meinem Buch brauchte. Ich fühlte mich ein wenig glücklich, denn die Reise brachte mir, was ich so ersehnte: meine Elemente und meine Wesen zu sehen, zu spüren und mir zu beweisen... Dann traten wir in die Flughafenbar mit Klimaanlage und vielen Annehmlichkeiten, und ich ging durch eine kleine Tür, die in einen Raum nebenan voller Gerüche, Ausdünstungen und merkwürdigen Dingen führte. In einer Ecke stand eine dicke Negerin mit einem roten Stirnband und verkaufte Ingwer. Ich schaute an die Decke und wollte weinen, dort waren sie, und ich hatte sie in der Routine des professionellen Schriftstellers längst vergessen: die geflügelten Ventilatoren... In diesem Moment wußte ich, daß ich nach Barcelona zurückkehren kann und den Roman schreiben, den ich wollte, so wie ich ihn schreiben wollte.«

Acht Jahre nach *Hundert Jahre Einsamkeit*, 1975, erschien *Der Herbst des Patriarchen*. Zwei epische Dichtungen, die in verschiedenen Kulturen zu entscheidenden Ereignissen wurden. Zu der Übersetzung von *Hundert Jahre Einsamkeit*, die als dritte in der islamischen Welt nach der persischen und türkischen in Beirut erschien, schreibt Abdelkader Rabia: »Die Seiten dieses nun in arabischer Sprache erschienenen Buches zu öffnen, heißt eine fesselnde Welt zu entdecken. Für den arabischen Leser ist es auch ein Wiederfinden der Atmosphäre von *Tausendundeiner Nacht*, eines der, im übrigen von García Márquez zugegebenen, Vorbilder.« Erstaunlicherweise wiederholt sich dieser Effekt des Sich-Selbst-Wiedererkennens an scheinbar unerwarteten Orten und sogar unter ganz speziellen soziokulturellen Bedingungen. Die großen parodistischen und episodischen Fiktionen der Gesaku-Prosa – die neben dem Kabuki-Drama typische literarische Form des feudalen Urkapitalismus im japanischen Edo-Zeitalter – haben in dem engen, modernen europäischen Konzept der Weltliteratur nie einen Platz gefunden. Dagegen behaupten die japanischen Leser, García Márquez sei der glaubwürdigste zeitgenössische japanische Schriftsteller der Gesaku-Tradition. Zur Begründung führen sie seine Weisheit beim Ermessen der Verbindungen des Wundersamen mit dem Alltäglichen an; seine detaillierte Kenntnis der Geister und ihrer Gewohnheiten und seine Art, das unendliche Chaos der Bürgerkriege lebendig werden zu lassen.

Bis die chinesische kommunistische Partei beschloß, auf dem Platz des Himmlischen Friedens daran zu erinnern, daß ihrer ehrbaren Führung zufolge das Volk ein großer Strom ist und die Partei beauftragt, ihm Richtung zu geben, sah die weitgefächerte Kulturbewegung *Xungen wenxue* bei ihrer Suche nach einer pluralistischen kulturellen Identität Chinas in García Márquez eine ihrer Leitfiguren.

Die Händler, die am Eingang der Universität von Teheran billige Bücher anbieten, verkaufen die Geschichte von Macondo kapitelweise mit dem Werbespruch: »Hundert Jahre Einsamkeit – hundert Seiten für hundert Tumen«. In Tiflis und in Erewan, in Minsk und in Samarkand werden Kassetten der ersten beiden großen Romane von García Márquez auf dem schwarzen Markt verkauft.

Aber wenn man schreibt, um gelesen zu werden, liest man auch, um zu schreiben. Über die García-Márquez-Rezeption bei den arabischen Schriftstellern sagt Gamel Eddine Bencheikh: »Die lateinamerikanische Literatur, und vor allem García Márquez, hat den neuen oder besser den zeitgenössischen Roman verändert. García Márquez ist eine Art Führer in das neue Abenteuer des Romans.« Mit seinen beiden karnevalesken Fiktionen hatte er den Gegensatz zwischen Universalismus und Partikularismus überwunden und zugleich bewiesen, daß die Rückkehr zum Erzählen möglich ist. Diese Rückkehr zum erzählenden Charakter der Fiktion bestimmt seither den wichtigsten Weg des Romans. Die Bücher von García

Márquez haben dazu beigetragen, den Schriftstellern der Peripherie jene Macht der Selbstdarstellung zu verleihen, die ihnen bis dahin vorenthalten war. Diesen Prozeß versucht Bencheikh so zu erklären: »Er gehört zu dieser Bewegung der literarischen Gegeninvasion (in bezug auf Europa), die in dem *Dritte Welt* genannten Teil der Welt entstand.« Dank der Texte von García Márquez ist ein Netz geknüpft worden, das die Reise zum Wunderbaren genauso umfaßt wie die Farben, Töne und Gerüche der unbekannten Welt des Bengalen Amitav Ghosh, wie die irrsinnigen Geschichten der afrikanischen Patriarchen, von denen Sony Labou Tansi in *La vie et demie* erzählt, oder die, die Rachid Boujedra in *Les 1001 années de la nostalgie* gesammelt hat, oder die, von denen Schriftsteller wie Rasputin, Tschiladse und Outduchara aus den peripheren Ländern der heute zerfallenden Sowjetunion erzählen. In dieses Netz fallen auch die 1001 in der Nacht des 15. August 1947 geborenen *Mitternachtskinder* von Salman Rushdie, die mit derselben Zange wie die nie zuvor existierende indische Nation auf die Welt geholt wurden, und wenn in dem Kalkutta des Romanciers aus Bombay und Cambridge sowohl Macondo als auch der Patriarch in den Zügen der Witwe mit dem buntgescheckten Haar offensichtlich werden, dann schließt dieses Netz auch die *Satanischen Verse* ein, in denen die Behandlung der vielen verschiedenen christlichen Glaubensrichtungen in der Geschichte des karibischen Patriarchen, wie García Márquez sie erzählt, als Paradigma dient. Hierher gehören auch *Der Butt* von Günter Grass und die Romane von T. Coreghassan Boyle, Jayne Anne Phillips oder Beat Sterchi. Macondo ist heute mit der Grafschaft Vineland verwandt, dem magischen Land im jüngsten Roman von Thomas Pynchon, mit der kasachischen Steppe von Tschingis Aitmatow und mit diesem Dorf, das im Reich der aufgehenden Sonne seine Unabhängigkeit erklärt, wie Inoue Hisashi in seiner satirisch-wundersamen Utopie *Kikiriky*, dem faszinierendsten Roman der achtziger Jahre aus Japan, erzählt. In diesem Sinne ist die Peripherie heute wirklich das Zentrum.

Die Herausforderung für die kolumbianischen Schriftsteller nach *Hundert Jahren Einsamkeit* kulminiert in der Frage: Wie schreibt man nach García Márquez? Nach der Saga von Macondo und den Buendia konnte jeder in Kolumbien schließlich eine Familie haben und eine Vergangenheit zurückfordern, um dem Schicksal zu entgehen, das Aitmatow mit der Mankurt-Legende allegorisch darstellt oder vor dem Rushdies Seleen Salai nur dank seiner Vorliebe für eingelegtes Gemüse bewahrt bleibt. Aber einem so engen Verwandten gegenüber war keine vatermörderische oder brudermörderische Tat möglich. Selbst Parodie und Plagiat endeten immer als Huldigung. Andererseits haben es diese Schriftsteller nicht nur mit einem Kolumbien zu tun, in dem, wie in anderen Ländern Lateinamerikas, das Ungleichzeitige weiterhin gleichzeitig bleibt, wofür das Nebeneinander importierter High-tech und indianischer Gemeinschaften auf demselben nationalen Territorium nur das sichtbare Zeichen ist. Sie haben es auch mit einem Land zu tun, in dem auf dramatische Weise deutlich wurde, daß sich hier, im Gegensatz zu anderen lateinamerikanischen Ländern, wo eine zivile Gemeinschaft und neue gesellschaftliche Kräfte die Rettung vor autoritären Regimen verhieß, der Staat nie aus den Fängen der Gesellschaft befreit hat, um die Idee der Einheit oder ein nationales Selbstverständnis zu fördern. Ein Land, das nicht durch eine Riesengroßstadt wie Mexico-City, São Paulo oder Buenos Aires polarisiert ist, sondern ein Land der Städte, in dem die Macht der Regionen das Bestimmende in einer Nation als imaginäre Gemeinschaft geblieben ist. Die politische und gesellschaftliche Gewalt, die die schüchternen Ansätze eines Fortschritts in den 40er und 50er Jahren begleitete, hat außerdem dazu geführt, daß die gesellschaftlichen Beziehungen und das ganze politische Leben nur die Sprache der Gewalt kennen. Unter dem Druck des ökonomischen Aufschwungs – der Rauschgifthandel hat schließlich die kolumbianische Wirtschaft in den achtziger Jahren zur einzig prosperierenden gemacht, während alle Entwicklungsmodelle des Subkontinents scheiterten – hat sich diese Gewalt seit 1984 nicht nur verstärkt, sondern einen neuen Charakter als »schmutziger Krieg« angenommen. In ihm sind seither die Grenzen zwischen Politik und Nicht-Politik verwischt, und die allgemeine Krise der Macht hat sich verschärft. Nicht zuletzt müssen diese Schriftsteller für ein Publikum schreiben, das in gesellschaftliche Kommunikationsbedingungen eingebunden ist, die von den Massenmedien derart verändert werden, daß durch sie das gesellschaftliche Leben selbst neu geformt wird. Wie ein berühmtes Kapitel aus *Hundert Jahre Einsam-*

keit erzählt, wissen die Einwohner Macondos infolge der Einführung der technischen Reproduktionsmöglichkeiten wie Grammophon und Kino nicht mehr, wo die Grenzen der Wirklichkeit beginnen und wo sie enden.

Die Herausforderung, mit dem Geruch der Guayave zu schreiben, mußten auch jene annehmen, die aus derselben karibischen Kultur wie García Márquez stammen, oder seine alten Freunde, wie Alvaro Mutis und Héctor Rojas Herazo. Als *Der Schnee des Admirals*, der erste Roman von Mutis, 1989 in Frankreich den Prix Medicis für das beste ausländische Buch des Jahres bekam, beeilte sich der *Nouvel Observateur* zu erklären: Die Verdienste des »Kolumbianers aus Flandern« – Mutis ist wirklich in Brüssel aufgewachsen – bestehen nicht nur darin, bevorzugter Adressat der Widmungen von García Márquez und »sein bester Freund seit mehr als 38 Jahren« zu sein, sondern er ist einer der bedeutendsten zeitgenössischen Dichter spanischer Sprache. Alvaro Mutis also, der große Dichter, der oft ausgezeichnet wurde, aber trotz zahlreicher denkwürdiger Texte, einschließlich einiger in Prosa, kein großes Publikum besitzt. Als Dichter hat er dazu beigetragen, die lateinamerikanische Lyrik von ihrem Weg ohne Ausweg abzubringen, indem er ihr das Erzählen beibrachte. In einem Gedichtzyklus schuf er sich ein *alter ego* namens Maqroll, der ewige Seemann, der auf den ersten Blick von Conrad, Wagner und Lautréamont zu stammen scheint. Nach vielen Jahrzehnten des Gedichteschreibens, nach verschiedenen Bänden, in denen hier und da die Geschichten von Maqroll auftauchen, erklärt er in einem Gedicht, das zu Beginn der achtziger Jahre erscheint und vom Tode Maqroll erzählt, er werde diese Figur nun verlassen. Und derselbe Dichter beginnt 1986, mit 62 Jahren, Romane über Maqroll zu schreiben, jedes Jahr einen, so daß eine überaus erfolgreiche Trilogie, *Empresas y tribulaciones de Maqroll*, entsteht, die er 1990 mit einer Erzählung erweitert, in der Maqroll nur eine Nebenfigur ist, und 1991 mit einem neuen Roman immer noch über Maqroll.

Die Geschichte von Rojas Herazo ist die eines karibischen Malers und Dichters, Pantagruel nicht unähnlich, der in einem Dorf wie das Aracataca des García Márquez geboren wurde und 1962 seinen ersten Roman, *Respirando el verano*, veröffentlicht, der, als *Hundert Jahre Einsamkeit* erschien, von der Kritik als dessen möglicher Vorläufer gehandelt wurde. Im selben Jahr, in dem die Saga von Macondo berühmt wurde, erschien der zweite Roman von Rojas Herazo, *En noviembre llega el arzobispo*, der undurchsichtig blieb. Und zwanzig Jahre lang kämpfte Rojas Herazo mit einem Manuskript, um die Geschichte seines Dorfes, seines Hauses und seiner fast hundertjährigen Großmutter zu erzählen, mit einem Text, den er schrieb und wieder verwarf wie die Erinnerung Orte und Personen entstehen und vergehen läßt, bis er ihn auf einen 800-Seiten-Roman mit dem Titel *Celia se pudre* reduziert hatte.

Der Geruch der Geschichten von Alvaro Mutis, der alle anderen in sich aufnimmt, ist nicht der tropische Geruch der Guayave, sondern der, der die Regionen der Kaffeeplantagen einhüllt. Andere Erzähler, wie Luis Fayad, wenn er von Bogotá erzählt und aus der Literatur »eine Art Atemluft« macht, haben eine Stadt-Literatur geschaffen. Luis Fayads Erzählung *Ein Mann und ein Hund* nennt Peter Schultze-Kraft »einen der wichtigsten, bislang verborgenen Texte der kolumbianischen Literatur, eine surrealistische Parabel von der Einsamkeit des Menschen in der südamerikanischen Großstadt«. Alvaro Pineda Botero, der in Medellín geborene Erzähler, und David Sánchez Juliao, der wie so viele seiner lateinamerikanischen Schriftstellerkollegen im diplomatischen Dienst tätig ist, machen die alte neue Gewalt in Kolumbien zu einem ihrer Themen. Die Aasgeier werden in Pineda Boteros Roman *Gallinazos en la baranda* zum Symbol für das ständige Vorgefühl des Todes und den unmerklichen Aasgeruch über der Stadt. Die alltägliche Gewalt gegen die Bauern auf dem Lande wird nur zum Ereignis, wenn wie bei David Sánchez Juliao der Vater den verwundeten Sohn am Markttag durch die kleine Stadt trägt und sich der Geruch des Blutes in der Hitze des Mittags mit dem Gestank der Fischabfälle und dem Bratenduft der Garküchen vermischt. Die Stimmen der Dichter wie Darío Jaramillo Agudelo, Eduardo Gómez und Juan Gustavo Cobo Borda künden gleichzeitig von den herben Gerüchen der städtischen Erfahrungen und den unvergessenen der Liebe. Fanny Buitrago gehört längst in den Kanon der großen Schriftstellerinnen Lateinamerikas. Wenn sie von der Insel San Gregorio erzählt, dann ist es die Erinnerung an die unendlichen heißen Nachmittage, an die in den Geruch nach Jod und Salz eingehüllten Nächte, an die mündlich überlieferten Legenden, die wie Ablagerungen des Meeres die Ufer der Insel bedecken, die seit unvordenklichen Zeiten einsam im grünen Herz des karibischen Meeres ruht.

Das Bemerkenswerte bleibt, daß alle diese Schriftsteller in dem Bewußtsein schreiben, mit García Márquez zu schreiben, nicht wie er, sondern indem sie ihn zu einem Teil ihrer eigenen Kunst machen.

Fanny Buitrago
Kostenlose Aufklärung

Vor Jahren lernte ich Oramas kennen. Mir wurde das besondere Glück zuteil, den Meister in seiner Atelierwohnung zu besuchen. So konnte ich mich den wunderbaren Quellen des Schöpfergeistes und der künstlerischen Arbeit nähern. Vor allem erhielt ich kostenlose Aufklärung über Inspiration, Dichtkunst und die Maßlosigkeit des Genies.

Zwei Wochen lang bewahrte ich an meiner rechten Hand den Glanz und den Gruß des großen Mannes. Ich ließ kein Wasser, Öl oder Essig an sie heran. Auch nicht die Haut eines Menschen oder eines Tiers. Hierauf machte ich von ihr einen Abdruck, der jede Linie – von der Lebens- bis zur Herzenslinie – originalgetreu wiedergab. Auf diese Weise wollte ich die Welt über das denkwürdige Ereignis unterrichten.

Falls ich das noch nicht gesagt habe: Ich widme mich dem bescheidenen Handwerk, zerbrechliche Töpferwaren herzustellen.

Wie jedes außergewöhnliche Ereignis war mein Besuch bei dem Meister etwas Unerwartetes. An einem Samstagmorgen rief mich der angehende Alchimist und Erforscher des Mittelalters H. Cavarcas an. Und er erklärte: »Ich habe von Oramas geträumt. Auf seinem Rücken sah ich die Umrisse unserer Gestalten. Als vereinte uns das Schicksal. Wir müssen ihn besuchen.«

H. Cavarcas mißachtet die Träume nicht. Er vermag ihre Voraussagen, Lehrsätze und hermetischen Zeichen zu deuten.

»Zumindest ist er deprimiert«, prophezeite er.

Ich fragte, ob es nicht am besten sei, zwei Flaschen importierten Champagner und ein paar Dosen Lachs zu kaufen. So groß war meine Freude.

»Wein, Schinken, frisches Brot«, lehnte Cavarcas meinen Vorschlag ab. »Der Meister ist schrecklich sensibel. Womöglich bildet er sich ein, daß wir ihn auf eine Stufe mit irgendeinem Modekünstler stellen. Er kann die Firmeneinkäufer nicht vertragen. Und auch nicht die Bewunderinnen, die ›Oh! Oh! Wie hübsch‹ rufen.«

Wir liefen zu dem Haus hinauf, wo Oramas seine Wohnung und sein Atelier hatte. Es stammte aus dem vorigen Jahrhundert, stand auf einer Anhöhe und hatte Balkons, die zum Plazoleta del Cerezo hinausgingen. In dieser Gegend lebten damals emeritierte Professoren, Tänzerinnen und Berufsschauspieler, Kunststudenten sowie der eine oder andere elegante Dieb, Nachtschwärmer und Frühaufsteher. Man sah die Gegend als exotisch an, obwohl ihre Gebäude im Kolonialstil vom Einsturz bedroht waren. Die Mieten waren billig, weil die wirklich volkstümlichen Stadtviertel sich in der Nähe befanden.

Die Anhöhe lag verlassen da. Die savannenheiße Sonne brannte wie gelbes Blei und flüssiger Senf. Der kleine Platz sah aus, als wäre ein Hagelschauer auf ihm niedergegangen. Bei jedem Schritt stießen wir auf Holzteile, Leinwandfetzen und bekleckste Pappe, zerbrochene und ganze Pinsel, Spachteln, Malerbürsten, winzige Glasscherben. Öltuben, die Purpurrot und Karmin ausbluteten. Wir wichen glänzenden Pfützen aus: Terpentin, Öl, Lackfarben.

Als wir die Treppe zum Atelier hinaufstiegen und zu den Balkons kamen, zeigte sich eindeutig, daß Oramas giftig gelaunt war. Nicht nur Lappen, Paletten, Staffeleien, Näpfe und handbemalte Becken flogen aus dem Fenster, auch ein bildhübsches und halbnacktes Modell sprang hinaus.

»Was soll das? Was ist los?«

»Es geht um die verdammte Inspiration«, erklärte das Mädchen. »Seit Monaten gelingt dem Meister kein Pinselstrich, mit dem er zufrieden wäre. Und gerade jetzt hat sich seine Frau beschwert. Sie will ein anderes Haus oder die Scheidung! ... Und da ist der Mann verrückt geworden.«

»Und du, was denkst du?« fragte H. Cavarcas.

»Ich haue ab!«

Wir hatten Wein, frische goldgelbe Brotschnitten und einen geräucherten Schinken. Das Modell beschloß, den tragischen Ausgang der Ereignisse hier abzuwarten. H. Cavarcas war so liebenswürdig, dem Mädchen seinen Mantel zu überlassen.

Gegen zwei Uhr, während Oramas und seine Frau den Rittern aus alten Zeiten nacheiferten und sich mit Besenschlägen bekriegten, kletterten zwei Kinder schwitzend und stürmisch den Hang hinauf, stellten sich an die Treppe und baten:

»Wir möchten Wasser.«

Wir forderten sie auf, hochzukommen und den Wein zu probieren. Was die Möglichkeit betraf, Wasser zu erhalten, so hätte man sich genausogut im Dickicht verirren können. Wer würde es schon wagen, das Zimmer zu betreten? Der Streit nahm an Schärfe zu, und das Paar rupfte Stühle, Kissen und Sofas, als wären es prähistorische Hühner.

»Alles zu Ehren des Meisters!« sagte das ältere Kind, ohne den Wein zu verschmähen.

»Ehre? Und das bei Oramas?« fragte das Modell.

»Zu Ehren von Quintín Leonides, dem Dichter unseres Viertels«, protestierten die Kinder erregt. »Wir sind gekommen, um ihm zu helfen.«

»Ihm helfen? Warum?«

»Er ist verzweifelt«, sagte das kleinere Kind. »Er braucht Inspiration.«

»Waaaas? Waaaaaas?«

»Seit vielen, vielen Monaten wollen ihm ein paar Verse nicht in den Sinn kommen.«

Der Mangel an Inspiration wurde allmählich zu einer nationalen Epidemie.

Plötzlich arbeiteten sich ein knatternder Lastwagen, zwei Lieferwagen und vier Busse mit dem schauerlichen Scheppern verrosteter Blechbüchsen den Berg hinauf. Kaum hatten die Fahrzeuge angehalten, da luden mehrere Männer in Hemdsärmeln auch schon Bänke, Tische und Stühle ab. Ganze Familien. Andere Leute kamen den Hang in alten Autos und Motorrädern hoch. Kinder in lustigen Gruppen. Alte Frauen in Trauerkleidung. Stämmige Weiber, die große Umhängetücher und vier oder sechs Unterröcke nach Bauernsitte trugen und ihre Säuglinge auf dem Arm hatten. Kräftige Burschen, die Korbflaschen mit Schnaps, weißem Rum oder Bier schleppten. Ein Pfarrer in der Soutane. Polizisten in Uniform. Waschfrauen, Gerber, Boten auf Fahrrädern. Mit Bändern geschmückte Mädchen. Fladenbäckerinnen und Straßenhändler.

Auf den Tischen reihten sich übervolle Töpfe, Kessel, Bottiche und Schüsseln. Kleine gelbe Pellkartoffeln nach Kreolenart und gepökeltes Schweinefleisch. Knackwürste, Ferkelfleischwürste, Lammkeulen, Bogotaner Maispasteten. Kremige Avocatobirnen. Hühnerklein. Süßigkeiten aus Maniok und reifen Bananen. Schon allein der goldgelbe Pudding und die übrigen Süßspeisen, der Honigkuchen, die Icacopflaumen und Zitronen reichten aus, um Streitgelüste zu unterdrücken.

»Was ist hier los?« brüllte Oramas und sah auf den Balkon hinaus. »Heute habe ich noch nicht einmal einen erbärmlichen Kaffee probiert ... Das riecht ja phantastisch! Ich habe Hunger.«

»Die Inspiration«, erklärte H. Cavarcas.

»Unser ganzes Viertel leidet unter dem Kummer des Dichters Leonides«, sagte das ältere Kind mit Worten, die es seinem Vater oder seiner Schwester abgelauscht hatte.

»Ihr Dummköpfe!« schrie uns Oramas' Frau an und machte sich auf den Weg zu ihrer Mutter.

Bald saßen ungefähr dreihundert Leute an den Tischen. Eine Abordnung – *die Freunde des Dichters* – kam und lud uns persönlich zum Mahl. Wir nahmen sofort an und brachten die Reste des Schinkens und die Weinkiste mit. Man setzte uns zwischen rosige Mädchen und Kinderfrauen, die ihren freien Tag hatten, Mechaniker mit brillantineglänzendem Haar, Maniküren und rotwangige Ladenbesitzer. Der Pfarrer hatte den Auftrag, die Raketen, Schwärmer, Frösche und anderen Feuerwerkskörper abzuschießen, und er ließ tausend vergängliche und platinblonde Sterne zum Himmel aufsteigen, die zum Schrecken der echten Tauben auf dem Platz wurden. Hunderte – kirschrote und korallenrote – Luftballons, eine kostenlose Reklame der Kaufhäuser CARAVANA, schwebten im Abendlicht. HÜBSCH UND BILLIG.

»Zum Wohl! Mögen die Götter dir günstig sein!«

Ich erinnere mich deutlich an den Meister. Er hielt ein Glas in der Hand, die so unzählig viele Meisterwerke geschaffen hatte, und erhob es, um den noch gesichtslosen Dichter zu ehren, der ein ganzes Stadtviertel mobilisiert hatte, weil ihm die Inspiration fehlte. Während er, Oramas, nicht einmal seine Frau bewegte.

Es trat völlige Stille ein. Man hörte nicht einmal die Babys weinen. Am Ehrenplatz der harmonisch zusammengestellten Tische richtete sich majestätisch der Dichter Quintín Leonides auf. Winzig. Spindeldürr. Inmitten der kräftigen jungen Burschen und der stämmigen Matronen sah er äußerst klein aus. Er hatte graue Haare, eine breite Stirn und eine rötliche Nase. Er trug eine Brille mit Bifokalgläsern. Er hatte einen schwarzen Anzug mit kleinen weißen Streifen an, ein blaues Hemd und eine schwarze Krawatte. Im Knopfloch steckte ein Veilchen.

»Es lebe der Dichter!« schrie Oramas.

Quintín Leonides hob das Haupt und streckte die Arme aus. Die Menge wurde vom Irrsinn gepackt. Tobender Beifall erdröhnte; man war auf die Bänke gestiegen und beglückwünschte sich gegenseitig, schleuderte Tücher, Mantillen, Hüte und grellbunte Bänder in die Luft.

»Hoch, hoch, hoch, der Dichter schafft es doch!«

In den baufälligen Häusern gingen schlagartig die Fensterläden auf. Nachtschwärmer und Frühaufsteher spähten mit fiebergeröteten Augen hinaus.

Unberührt von dem Begeisterungstaumel, der rings um ihn losgebrochen war, bewegte der Dichter ergriffen die Lippen. Die Augen hielt er fest geschlossen. Die Ekstase verklärte sein grämliches, runzeliges Gesicht und verlieh ihm eine seltsame und machtvolle Anziehungskraft, die uns wie eine magnetische Aureole umspannte. Die Dämmerung senkte sich herab. Oramas weinte hemmungslos. H. Cavarcas malte mit dem Zeigefinger unsichtbare Zeichen auf den Tisch, was die Bewunderung des schönen Modells erregte. Jubelnd tanzten die Kinder. Jemand spielte auf einer Flöte.

»Ich saaage euch«, der Dichter ließ sich erschöpft fallen, während die Frauen ihn mit ihrer Fürsorge erdrückten und ihm weißen Rum und eiskaltes Bier anboten.

Meister Oramas, der ein paar Stunden zuvor die Kunst und die Frauen verflucht hatte, beschäftigte uns bis zum Morgen, um seine Bürsten und Pinsel, die noch mit dem Deckel verschlossenen Lackfarbenbüchsen und jedes brauchbare Stück Leinwand einzusammeln.

Seitdem hat sein Ruhm alle vorstellbaren Schranken niedergerissen. Als eine Berühmtheit und ein Millionär ist er eine weitere Persönlichkeit, die der Geschichte und der Kunst angehört. In meiner Enzyklopädie steht er auf den Seiten, wo sich auch Odysseus, Orest, Orion und O'Neill befinden.

Ihm zu Ehren wurden sowohl die Plazoleta del Cerezo wie auch die angrenzenden Gebäude restauriert und zum kulturellen Erbe der Menschheit erklärt. Das Haus mit seinem Atelier ist ein Museum. Man muß Eintritt bezahlen. Für jeden Besuch werden lediglich fünfzehn Personen zugelassen. Sobald man durch das vergitterte Tor eintritt, das den Zugang zur Anhöhe versperrt, ist es verboten, zu essen, zu trinken, zu rauchen, die Wände und die Steine zu berühren. Niemand lebt dort. Sogar die Tauben hat man vertrieben.

Vom Dichter Quintín Leonides habe ich nichts gelesen und auch nichts erfahren. Ich beabsichtige, ihm einen Besuch abzustatten.

H. Cavarcas widmet sich weiter seinen Forschungen über das Mittelalter. Alchimie, Träume, Astronomie, Literatur. Jetzt lebt er mit dem schönen Modell zusammen, das früher einmal für Oramas' Genie und Pinsel gearbeitet hat.

Da mir die Gabe des Schöpfertums von den Göttern verweigert wurde, muß ich zugeben, daß H. Cavarcas' Traum sich für mich als ein Vorzeichen erwiesen hat. Diese – meine – rechte Hand, die eines Tages die des Meisters gedrückt hatte, ist das Vorbild, das mir für die Herstellung großartiger Kopien dient. Imitationen aus Kupfer, Silber, Korallen und Jade. Ich verkaufe sie zu annehmbaren Preisen auf dem Handwerkermarkt und an die Kaufhäuser CARAVANA. So können die bescheidenen Verehrer des Malers in ihren Wohnzimmern oder Büros DIE HAND, DIE ORAMAS GEDRÜCKT HAT, ausstellen.

Mein Keramikhandel geht wirklich gut. Und die Inspiration tut, was sie kann.

Ein Grab im Juni

Er ist auf dem alten Friedhof der englischen Mission begraben. Obwohl er zeitlebens die Bürger des British Empire herzlich verabscheute. Sein Grab ist ein bitteres Gedicht, das von Ringelblumen, Tamarinden und Roseneibischblüten heimgesucht wird und den verlassenen Gottesacker zu entweihen scheint. Staubwolken stürmen über diesen Ort des Verfalls, während streunende Schwalbenschwärme ihre Exkremente auf den Wegen ablagern. Langsam, Jahr für Jahr, zerbröckeln die Grabsteine und verlieren Zeitangaben, Namen, Erinnerungen und Spukbilder.

Auf der Hauptkapelle bleibt ein vom Moos erdrosselter Marmorengel als Spur der einstigen, unmöglich wieder heraufzubeschwörenden Pracht. Ein zorniger Engel des Jüngsten Gerichts, den der Schlagzeuger eines Mambo-Orchesters verstümmelte, als er – in einer durchgefeierten Nacht – verliebt dessen Trompete mitnahm. Bumm-bummba.

Dort liegt er begraben. Alle wissen es. Womöglich im Widerspruch zu seinem Letzten Willen, denn er hatte nie die Chance einer Wahl, und kein anderer Friedhof wollte die geweihte Erde mit dem Aas eines Selbstmörders schänden.

Zeitlebens war Ventura Orozco als ein Mensch gezeichnet, der sich von den übrigen unterschied. Das traf für ihn ganz gewiß zu. So sagten es die Leute schon seit zwanzig Jahren, und Ventura hatte zu seinem Unglück keinen Grund, etwas anderes zu denken.

Mit fünfunddreißig Jahren war Ventura Orozco ein stattlicher Vertreter des männlichen Geschlechts; er besaß offenkundige körperliche Vorzüge, die er klug kultivierte; seinen Nebenbuhlern gegenüber behauptete er den ersten Platz und übte denselben Beruf aus, von dem weitere fünfzehn Mannspersonen im ganzen Rund der Bahía de las Sardinas lebten. Er war Kapitän einer Touristenjacht und auf kurze Angel- und Vergnügungsausflüge spezialisiert – ein ebenso ehrbares Gewerbe wie jedes andere. Er trug eine protzige Matrosenmütze, makellose türkisblaue Leinenhosen und ein weißes Seidenhemd, während die Konkurrenz in ausgewaschenen Unterhemden und alten Badehosen steckte.

Die Größe des Schiffs, die Qualität des Leinengewebes und der Glanz der Seide boten eine klare Unterscheidung zwischen dem prächtigen Seemann und den anderen jungen Männern an der Küste. Wenigstens für die ahnungslosen Blicke der Touristen – schließlich waren es ja Touristen! – stellten soviel Rummel und Flitterkram tatsächlich nichts weiter als bloße Tarnung dar. Wie die übrigen lebte auch Ventura Orozco von den Frauen.

Diese Idee stammte ursprünglich gar nicht von ihm. Und so konkret auch von keinem anderen. Er kam zufällig zu diesem Beruf, vom Gift der Verzweiflung getrieben, vom Gespenst des Hungers bedrängt, der sich mit unzähligen üblen Streichen über ihn lustig machte.

Damals war er vierzehn Jahre alt und hatte keine Möglichkeit, die Volksschule abzuschließen, die er jährlich ein paar Monate besuchte. Bis dann die Ganztagsschüler seine letzten Bücher kauften und die Lehrerin, die es satt hatte, von ihm auch nur ein Heft mit fünfzig Blatt Papier zu verlangen, ihn hinauswarf und dabei vor Wut weinte. Da nützte es ihm nichts oder wenig, daß er sich in den Spielhöllen und Tanzkneipen des Unterweltsviertels herumtrieb, um seine Mutter zu suchen …! Wenn sie gut gelaunt war, bekam er einen Schluck Rum, ihm wurde zweimal die Schulter getätschelt und dazu eine Erklärung gegeben, die so schmutzig wie der Grund einer Senkgrube war.

»Keiner von meinen Söhnen soll etwas lernen, was ihm nicht seine Mutter beibringt. Du bist das ganze Ebenbild deines englischen Großvaters …!« rief sie in zuckersüßem Ton, »und das ist genug für dich und mehr als genug …«

Ventura wurde bei diesem Problem auf das nächste Jahr vertröstet. Er schlug sich mit Gelegenheitsarbeiten durch; manchmal hatte er zu essen, und manchmal schlief er mehr als notwendig. Das hing von der Gelegenheit ab, vom glücklichen Zufall, von einem nicht gemähten Rasen im vornehmen Stadtviertel oder von den schmutzigen Schuhen des Bankdirektors, vielleicht auch von einem Kindermädchen, das seinen freien Nachmittag hatte.

Es war nun so, daß es Venturas Mutter spielend leichtfiel, Kinder in die Welt zu setzen. Wenn man von einer maßlosen Vorliebe für Gin und dem Hang absah, viele Landesfremde für Engländer zu halten – deren nahe Verwandte sie nach ihrer Überzeugung war –, hatte sie darüber hinaus nichts, womit sie sich brüsten konnte. Nur daß sie das genaue Gegenteil dachte und sich äußerst stolz fühlte, weil sie ständig einen dicken Bauch hatte.

»Dafür habe ich ja einen Ehemann«, sagte sie gewöhnlich und wackelte vor den Nachbarn mit den Hüften.

Der Ehemann wechselte ganz offensichtlich in jeder Saison. Aber alle Männer, die sich – die von einem aus Schottland stammenden Matrosen sitzengelassene – Rosenda Orozco in ihrer hartnäckigen Begierde aussuchte, waren tragischerweise einander so ähnlich wie abgegriffene Reproduktionen ein und desselben Bildes. Daher bemerkten ihre Bekannten kaum die Veränderung, oder sie taten so, als sei es derselbe Ehemann, oder sie logen auch absichtlich, um sich das Leben nicht unnötig schwer zu machen und sich nicht einen neuen Namen einprägen zu müssen.

Sie war eine Frau, die stets das lärmende Vergnügen und die Nachfeier am Morgen gern hatte; sie putzte sich wie eine Zirkusartistin heraus, war in der Marktgegend und an den Molen bekannter als kaltes Bier, hatte ein quecksilbriges Lachen und eine ansteckende Fröhlichkeit. Bei den Totenwachen sang sie gewöhnlich in hingerissenem Ton, war in Schweiß und billiges Parfüm gebadet und nötigte selbst den Feinden des Verstorbenen aufrichtige Tränen ab. Und Zauberkraft wuchs ihren Händen zu, wenn sie eine Gitarre nur leicht streichelte. Sie war die Ninon der Armen, wie Santana, der närrische Maler des Hafens, sagte.

Trotzdem wurde die Stimme Rosenda Orozcos unmäßig hart, als sie Ventura mitteilte, ihrer Meinung nach sei er zu groß, um weiter unbekümmert die Zeit vergeuden zu können.

»Bring mehr Geld nach Hause«, befahl sie.

Der Junge hatte gerade fünfzig Pesos auf den Küchentisch gelegt. Verdient hatte er sie als Vertreter eines Schulaufsehers bei einem lärmenden Kinderfest. Sie war leicht angetrunken und wies das Geld mit einem boshaften Funkeln in den Pupillen zurück. Sie hatte eine recht eigentümliche Auffassung von den Beziehungen zwischen Eltern und Kindern. Und ihre materiellen Ansprüche vergrößerten sich immer nachdrücklicher, je älter ihre Sprößlinge wurden.

»Entweder bringst du mehr Geld nach Hause, oder du schläfst auf der Straße«, kreischte sie. »Such's dir aus ...!«

Ventura wagte nicht zu protestieren. Ach was!

Trübsinnig streunte er nun in der Nähe des Stadtzentrums umher. Um auf Rundfunkannoncen zu antworten, in denen Boten, Mechaniker und Bauhilfsarbeiter gesucht wurden. Um sich als Dreher und Schweißer anzubieten. Vergebens. Ihm fehlte ein anständiges Hemd, ein Ausweis, ein Gesundheitsattest, ein Vorstrafenregister, Empfehlungen und Bekannte in der Politik. Überall jagte man ihn wie einen Aussätzigen auf die Straße. Im Armenkrankenhaus wollte er Blut verkaufen und hatte dabei das schlimmste Pech: Der Pförtner drohte ihm, Anzeige bei den Behörden zu erstatten.

Hierauf schloß sich Ventura dem großen Haufen der Herumtreiber, Abenteurer, Erpresser und Geschäftemacher bei den Molen an. In dieser Gegend sollte es glänzende Chancen geben, wie er gehört hatte.

Er hatte so großen Erfolg wie ein räudiger Köter in einer feierlichen Messe. Er war zu jung, als daß der Verband der Schauerleute ihn angenommen hätte. Stehlen konnte er nicht. Wegen seiner Kraft und Gesundheit eignete er sich schlecht für das Bettelhandwerk. Er war nicht so schlau und flink wie die im ruhelosen Getriebe des Gaunermilieus geborenen und aufgewachsenen Kleinen, was die Rauschgiftdealer und die Händler mit jungem Fleisch klar erkannten, die genauso schnell von ihm abließen, wie sie ihn zunächst verfolgt hatten.

Ventura Orozco genügten wenige Tage. Bald begriff er, daß er nicht die geringste Chance hatte, dort zu überleben. Ebensogut hätte er seine Seele bei einer öffentlichen Versteigerung feilbieten können. Nicht einmal der leibhaftige Teufel wollte sie haben.

Peinigende Nachtstunden ohne Schlaf und Ziel brachten ihn zum vornehmen Strand der Bahía de las Sardinas. Zu seiner Rettung eilte eine riesige, sanfte und verwelkte Blondine herbei, die ihm Essen und Schutz in der wohligen Wärme ihrer gewaltigen nordischen Arme gab. Eine kurze Woche konnte Ventura sich selbst vergessen. Ohne daß er es wußte, begann er so eine erschöpfende Wanderung, die zwanzig Jahre dauern und als einzigen Schauplatz die silberweiße und blaue Fläche dieser Bucht haben sollte.

Nicht einmal der Militärdienst gab ihm die Chance, seinem grauenhaften Geschick zu entkommen. Er meldete sich freiwillig, als er das vorgeschriebene Alter erreicht hatte, und ließ sich von den lauten Protesten, der Wut und dem Widerstand seiner Mutter nicht erschüttern, die bereit war, Himmel und Hölle in Bewegung zu setzen, um ihn zu Hause zu behalten... Er war die unbedingt notwendige Zeit in der Armee. Er diente keinen Tag länger. Und auch keinen Tag weniger. Er war zu groß, schön und attraktiv, als daß man seinen Antrag berücksichtigt hätte, weiter in der Kaserne zu bleiben. Die höheren Offiziere waren der Meinung, daß Ventura bei irgendeiner unvorhergesehenen Gelegenheit die strenge sittliche Reinheit der Uniform entehren könnte.

Vom Tag seiner Rückkehr an saugten die Frauen nach und nach sein Inneres aus, indem sie fortwährend körperliche Befriedigung von ihm verlangten und sich schonungslos über seine wahren Gefühle hinwegsetzten. Für sie war er gleichsam ein schönes Tier, das sie abgerichtet hatten, exotische Spiele und auserlesene Perversionen zu treiben (ein Ruhepunkt fern von zu Hause und den Kindern und den Ehemännern und dem Beruf oder der Sinnlosigkeit), das sie nie ernsthaft beachteten und das seine persönlichen Wesenszüge verlor, sobald das Land sie trennte.

Ventura wußte das. Niemals erwartete er einen Brief, eine kurze Nachricht oder eine einfache Postkarte. Eines nach dem anderen verwehten jene leidenschaftlich begierigen Gesichter im Wind, in einer nebelhaften Reihe, jedoch als eine unsichtbare Kette, die ihn unerbittlich an sein Schicksal fesselte. Die Welt wurde für ihn zu einer Abfolge von Bars, Motels, Seeterrassen, desinfizierten Schlafzimmern und Betten, die ewig saubere Laken hatten. In seinen Wachträumen sah er die Hölle wie das Deck einer Touristenjacht vor sich. Seine Tage waren einander gleich. Eine Frau, die bald gehen würde, und eine andere Frau, die bald kommen würde. Mit funkelndem Dämmerlicht oder heller Morgensonne, Regenwetter oder langen Sommern, Meeresdünung oder Gegenwind. Jene Welt, die wie eine Filmromanze unaufhörlich in Technicolor leuchtete, war die rauhe Wirklichkeit seines Lebens. In ihr blieb er ausweglos gefangen. Wie die Ameise, von der erzählt wird, daß sie unablässig in einer Glaskugel entlanglief, ohne den Weg nach draußen zu finden.

Doch alle Anstrengungen Ventura Orozcos konnten nicht verhindern, daß drei von seinen Brüdern auf der Strecke blieben, weil sie von den Krankheiten und der Unterernährung hinweggerafft wurden; er konnte es auch nicht abwenden, daß die anderen Jungen spurlos aus dem Hafen verschwanden, als hätte es sie niemals gegeben, und daß das einzige Mädchen mit einem Hausierer durchbrannte – und noch viel weniger, daß Rosenda Orozco bei einer Entbindung starb, ohne zur Vernunft gekommen zu sein.

Sie ging so unbeschwert ins Jenseits ein, wie sie gelebt hatte. Und ließ ihn in der Falle sitzen. Sie kannte keine nagenden Sorgen und drückenden Gewissensbisse. Sie nahm die Bilder ihrer lieben kleinen Toten mit, ihre Lippen formten noch die Melodie des letzten Modeschlagers, und sie sah ein einziges Gesicht vor sich, als sie an all ihre Ehemänner zurückdachte, die im fiebertrunkenen Labyrinth ihrer Erinnerung verstreut waren. Das jüngste Kind, das ihr langsam das Leben aussaugte – nun, das wurde der Obhut Venturas anvertraut.

»Denk daran, dein Bruder ist der Sohn eines Engländers«, sagte sie. »Das reicht aus, aber nicht ganz. Besser, du schickst ihn in die Schule. Du kannst ihm nichts beibringen.«

Dieser jüngere Bruder war das einzige Band, das ihn mit der Außenwelt vereinte. Jeden Monat ging Ventura Orozco in einem gebrauchten, aber tadellosen Straßenanzug ins Stadtzentrum, zur besten Knabenschule, um sich die Zensuren Neftalí Orozcos geben zu lassen und das teure Schulgeld zu bezahlen.

Die restliche Zeit lebte er in der obligatorischen Abgeschlossenheit der Verworfenen; und er sollte es nicht mehr versuchen, aus ihr herauszutreten, weil man ihn nicht einmal an jenen Orten gut aufnahm, wo man einst die Reize seiner Mutter gefeiert hatte. Die Stadt war klein, und Ventura hatte der Gemeinschaft gegenüber alle seine Rechte verloren. Als wirkliche Männerberufe sah sie Nötigung, Erpressung, den Verkauf öffentlicher Ämter und Waffenschmuggel an. Die rechtschaffenen Leute, die große Geschäfte machten und nicht der Gefahr ausgesetzt waren, mit der Polizei zusammenzustoßen, wußten tatsächlich gar nichts von seiner Existenz. Ventura ließ sich nicht zu dem Fehltritt hinreißen, sich an einem anständigen Ort aufzudrängen. Schließlich konnte er ja ruhig leben, solange er sich einzig und allein mit den Touristen beschäftigte und in Lokalen verkehrte, wo man Touristenpreise nahm.

So fuhr er auf seiner Vergnügungsjacht hin und her, inmitten von weiblichen Phantomen, die nur in einzelnen Bruchstücken des Sommers lebten, namen- und geschichtslosen Körpern, während er auf den Tag wartete, da sein jüngerer Bruder ihn mit entsetzten Augen ansehen würde.

Er war fünfunddreißig Jahre alt, als Neftalí Orozco sich jener unerträglichen Plage aussetzte, die als »Wahrheit« bekannt ist. Neftalí verleugnete seinen Bruder nicht. Nicht im mindesten. Unmöglich kann man wissen, ob er verstand, welch große Schuld er auf sich geladen hatte, oder ob er den vorgeblichen Seemann aufrichtig genug liebte, um ihn wirklich als den zu akzeptieren, der er war. Bei der ersten Gelegenheit – Ventura wollte ihm aus dem Weg gehen – trat er zusammen mit ihm in der Öffentlichkeit auf, ohne verfängliche Fragen zu stellen, Vorwürfe zu machen oder ihm mit versteckten Ermahnungen zuzusetzen. Er versuchte nicht, ihm Versprechen abzunötigen, und zeigte sich auch von der nackten Wirklichkeit nicht betroffen. Ebensowenig beging er die Ungeschicklichkeit, ihm offen zu danken. Und den Vorlauten, die ihn aufforderten, für das körperliche und das Seelenheil Venturas zu sorgen, drehte er mit unbändigem Stolz den Rücken zu.

Ventura wußte, daß die Bewunderung wie ein geschliffenes zweischneidiges Messer ist.

Die Gefühle des jüngeren Bruders konnten über Nacht ungeahnte Wendungen nehmen. Diesmal war er nicht bereit, dem letzten seiner Angehörigen zu erlauben, auf Abwege zu geraten.

Dann tat er, was er tun mußte. Zu einem günstigen Preis erwarb er eine rostige deutsche Pistole, ein Modell, das nach dem zweiten Weltkrieg nicht mehr hergestellt wurde. Sie war so schwer, daß sie Vertrauen einflößte. Gewissenhaft ordnete er seine Angelegenheiten und beseitigte das einzige Hindernis, das Neftalí Orozco von einer vollkommen ehrbaren Zukunft trennte... Seine Hand zitterte nicht! ... Und die Explosion, die ihm das Gehirn zertrümmerte, reichte aus, um den Gefangenen in der Glaskugel zu verwandeln. Er wurde kein

Gespenst, das den anderen auf dem alten Friedhof der englischen Mission glich, sondern ein heroisches Gespenst, um das sich eine neuartige Legende rankte, der einzige Selbstmörder in der ganzen Geschichte der Bahía de las Sardinas. Ein außergewöhnlicher Mann, und die Erinnerung an ihn verlieh der Stadt eine geheimnisvolle Aura. Man begrub ihn am Nachmittag eines sonnigen und staubigen Junitages, ohne Trauergefolge, Klageweiber, Kränze oder Gottesdienst, zur Erleichterung all jener Frauen, die es so trotz ihrer Vergeßlichkeit nicht nötig hatten, auch das zu vergessen.

Dort ist er begraben. Jeder, der an der Bucht, bei den Molen oder im Unterweltsviertel wohnt, kennt den Weg. Sein Grab auf dem alten verlassenen Friedhof ist eine Sehenswürdigkeit, ein von den anderen grundverschiedenes Gedicht, ein für die Touristen obligatorischer Wallfahrtsort. Sonntags gibt die Kapelle des Ortes ein öffentliches Konzert, und man kann kolorierte Postkarten mit dem Gesicht des schönen Seemanns, Gebete gegen den bösen Blick, Liederbücher und Zaubertränke mit seltsamen Eigenschaften erwerben.

Gemäß einer Anordnung des verehrten, von Neftalí Orozco geleiteten Stadtrats wird seit dem letzten Jahr von den Besuchern eine besondere Gebühr verlangt, die dazu bestimmt ist, das Grab zu restaurieren und zu schmücken.

David Sánchez Juliao
Warum bringst du mich mit dem Kanu ins Hospital, Vater?

»Warum bringst du mich mit dem Kanu ins Hospital, Vater? Hast du denn nicht bemerkt, daß die Wunde gefährlich ist? Über die Straße wäre es nur ein Katzensprung gewesen.«

Der Vater paddelte schweigend, ohne große Eile, er blickte nach vorn, in den Glanz der Schuppen, die die Morgensonne dem Wasser aufsetzte.

»Es tut weh, Vater. Es tut sehr weh.«

Das Kanu war lang und schnittig, es glitt dahin und zerteilte das Wasser. Ein Häufchen Sand genau in der Mitte zwischen Heck und Bug diente als Ballast, so daß das Boot dahinfuhr wie in den Fluß eingepaßt, die Bordwand kaum drei Finger über dem Wasser. Es wirkte schwer, aber die Menschen trieben mit der Strömung flußabwärts.

Auf dem Sandhaufen lag der Sohn, der sich zum Schutz vor der Sonne einen breitkrempigen Hut ins Gesicht geschoben hatte.

»Hörst du nicht, Vater? Ich habe dir gesagt, daß es sehr weh tut.«

Der Vater nahm die Pfeife aus dem Mund. Er reinigte sie, polkte die Asche mit den Fingern heraus und schnipste das Kügelchen Dreck mit dem Fingernagel fort.

»Halten Sie durch, mein Sohn, halten Sie durch wie ein richtiger Mann«, sagte er.

Und wieder kaute er auf der Pfeife herum. Er nahm das Paddel, das er über seine Beine gelegt hatte, und paddelte geschmeidig weiter, ohne Anstrengung, nur um sich in der Strömung zu halten, die sie mit sich forttrug.

Der Sohn schwitzte, und die stechende Sonne ließ die Wunde brennen.

»Warum hast du mich nicht mit dem Lieferwagen auf der Straße hingebracht, Vater? Wir wären jetzt schon im Hospital von Lorica.«

Er machte eine Pause und stöhnte. »Es tut mir wirklich sehr weh, begreifst du?«

Der Vater nahm die Pfeife wieder aus dem Mund, ein ganz kleines Stück: »Der Eingang von der Straße aus befindet sich bei der Kaserne, und dort sind nur sehr wenig Leute. Ich möchte Sie aber in den Ort bringen, wo man Sie sieht, wo genügend Augen, viele Augen sehen, was dieser Unwürdige Ihnen angetan hat.«

Der Sohn wollte wieder stöhnen, aber er riß sich zusammen.

»Deshalb wirst du mit mir am Markt an Land gehen, nicht wahr?«

Der Vater antwortete mit rauher Stimme: »Ja.«

»Und du dankst Gott, daß sie mich ausgerechnet an einem Samstagmorgen mit der Machete bearbeitet haben, stimmt's?«

Der Vater schwieg.

»Und wenn sie mich an einem Donnerstag verletzt hätten, hättest du bis Samstag gewartet, um mich herzubringen, nicht wahr? Weil samstags Markttag ist und mehr Leute als sonst am Hafen sind, nicht wahr? Und an einem solchen Tag können viele Augen deinen verletzten Sohn sehen, nicht wahr?«

Der Vater, der sich gerade erneut die Pfeife in den Mund steckte, erwiderte: »Wer weiß das schon so genau, mag ja sein.«

Der Sohn stöhnte, dann antwortete er: »Dann mach hin, los, und danke Gott dafür, daß dieser Hurensohn deinen Sohn an einem Markttag mit der Machete bearbeitet hat.«

Der Vater hörte einen Moment auf zu paddeln: »Gehen Sie lieber und danken Sie es ihm.«

»Es tut sehr weh, Vater. Die Sonne entzündet die Wunde.«

»Halten Sie aus, mein Sohn. Halten Sie aus wie ein Mann, Sie, Sohn eines Mannes.«

Sie schwiegen. Jenseits der Flußbiegung zeichnete sich vor den Bergen der Kirchturm ab, grau und prächtig, wie er das morgendliche Treiben beherrschte. Die Dächer der großen Hafengebäude lagen dicht über dem Erdboden. Es schien, als ob man dem wieder grünenden Gras Dächer aufgesetzt hätte.

Die Luft flimmerte vor Hitze. Von der Seite brannte die Sonne auf die Leute nieder.

»Wir sind gleich da. Immer mit der Ruhe, mein Sohn, daß Sie mir bloß nicht sterben«, sagte der Vater.

Der Sohn erwiderte nichts.

Schon hatten sie die Strudel erreicht, bei denen der Fluß sich teilt: linker Hand floß er zum Meer hin, und rechter Hand versickerte er in die Sümpfe; genau diesen Strudeln gegenüber erhob sich, wie vom Fluß geboren, der Hafen von Lorica.

In der Ferne erblickte man ein Ameisengewimmel von Leuten, die mit Waren auf den Vorplatz des Marktes strömten; man sah Frauen den Fisch für ihre Kunden entschuppen und Bettler, die die sanfte Nächstenliebe der Leute aus den Bergen anzog. Gegenüber diesem Ameisenhaufen erhoben sich gelb und rot die Markttore mit ihren blumengeschmückten Säulen, ihren Halbbögen und dem Zinkdach. Und vor dem Markt, vor jenem menschlichen Ameisenhaufen und den überfüllten Freitreppen zog der Fluß vorüber und sprach sein Auf Wiedersehen. Am Ufer des Flusses gab es, anzuschauen wie die braune Klaviatur der Marimba, einen Winkel mit dicht an dicht liegenden Kanus.

Der Vater tauchte das Paddel ins Wasser und kreuzte die Stromschnellen, um das Tempo zu verringern und auf diese Weise leichter durch die Strudel zu kommen.

»Sie hätten das nicht tun sollen, was Sie getan haben, mein Sohn, ich habe es Ihnen von Anfang an gesagt. Daß ich, Ihr Vater, Ihnen nicht das Stück Land geben konnte, um das Sie mich baten, gab Ihnen noch lange nicht das Recht, Dummheiten zu machen.«

Der Sohn stöhnte.

»Das waren keine Dummheiten, Vater. Ah, es tut so weh. Weißt du etwa nicht, was es heißt, eine Frau und zwei Kinder zu haben und kein Land? Ah, ich sterbe.«

»Sie sterben nicht, halten Sie aus. Ich bringe Sie deshalb auf dem Fluß her, damit Sie leiden, damit Sie für die Wut bezahlen, die ich auf Sie habe, Wut auf das, was Sie getan haben.«

Das Kanu glitt jetzt langsamer als die Strömung dahin, und das Wasser klagte mit hellem Murmeln, während es gegen das bohrende Paddel ankämpfte.

Der Vater fuhr fort: »Ich konnte Ihnen das Land nicht geben, um das Sie mich baten. Sie wissen genau, daß die zehn Hektar, die ich habe, unter acht Söhnen und drei Schwiegersöhnen, die schließlich auch Söhne sind, aufgeteilt werden müssen, Ihre Mutter hat nicht nur Sie geboren.«

David Sánchez Juliao |

Jetzt kamen sie in die Strudel, doch der Sand, den sie als Ballast mitführten, ließ das Kanu auch weiter ruhig das Wasser durchschneiden.

»Ja, mein Sohn. Sie hätten sich nicht mit diesen drei Taugenichtsen einlassen sollen, nur um das zu tun, was Sie getan haben.«

Sie fuhren durch die Strudel, und das Kanu lag nach wie vor ruhig.

»Fremdes Land zu überfallen ist keine gute Tat. Deshalb war es die Pflicht des Inspektors, etwas zu unternehmen, auch wenn ich ihn für das, was er Ihnen angetan hat, hasse. Aber das glauben Sie nicht. Wenn ich Sie auf dem Wasser herbringe, damit Sie leiden, so tue ich das auch, um ihm zu schaden. Das heißt zwei Fliegen mit einer Klappe zu schlagen. Ich erwische ihn, der ein Insekt dieser schurkischen Regierung ist; und Sie, der sich in ein rebellierendes Insekt verwandelt hat.«

Der Sohn lag immer noch auf dem Sandhaufen. Er hatte den Hut abgenommen und ließ zu, daß ihm die Sonne das Gesicht verbrannte.

»Gleich sind wir da. Wir müssen nur noch diese Strudel durchqueren. Wenn Sie sich nicht vorstellen können, wie Sie Ihren Vater mit dem, was Sie getan, gequält haben, schauen Sie das unruhige Wasser an; da sehen Sie das Abbild meiner Seele am heutigen Tag.«

Der Sohn öffnete die Augen, warf einen Blick auf das tosende Wasser, kniff dann die Lider zusammen und verzog das Gesicht.

»Es schmerzt noch immer sehr, Vater.«

»Halten Sie aus, sage ich Ihnen«, er räusperte sich, um die Kehle frei zu bekommen. »Der Herr, dessen Land Ihr überfallen habt, ist nicht gerade ein guter Mensch, ich weiß. Aber trotzdem, die Gesetze muß man achten, für irgendwas wurden sie schließlich gemacht.«

Der Sohn öffnete erneut die Augen. Er versuchte sich aufzurichten, aber das Brennen in seiner Wunde hinderte ihn. Er schaute seitlich in die Sonne und fühlte Feuer in den Augen. Da legte er den Arm über die Augen.

»Entschuldige, Vater, aber du widersprichst dir.«

»Das glauben Sie. Weil Sie jung sind. Und die Jungen, die glauben, daß Sie sich nicht widersprechen, warten nur darauf, daß die Inspektoren mit der Machete kommen. Die Inspektoren sind die Regierung, und die Regierung ist immer auf seiten desjenigen, der etwas hat. Denn der, der was besitzt, ist der, der ihnen gibt...«

Aber da waren sie schon angekommen.

Die Bootsspitze stieß gegen die erste Stufe der Treppe, und dann lag das Kanu eingepaßt wie ein Zahn im Gebiß in dem Winkel, den die anderen Kanus bildeten. Hier, im Tumult der Landungsbrücke, flirrte die heiße Luft noch mehr. Es kam von der Hitze, die die Leute ausstrahlten, Wärme, die sich mit dem matten Dunst eben geschuppter Fische vermischte und mit dem Dampf der Kohlebecken aus den Garküchen weiter hinten. Und die gerade aufgehende Sonne wütete.

Der Vater legte das Paddel auf den Boden des Kanus, dann ging er, vorsichtig, um das Gleichgewicht zu wahren, zu dem Sandhaufen und hob den Sohn empor wie jemand einen Tragebalken anhebt, um ihn sich auf die Schulter zu legen. Ein paar Stufen weiter oben waren Leute zusammengelaufen, um den Verletzten zu sehen.

»Sieh nur, Vater. Sieh, wie sie uns anschauen. Welchen Grund haben all diese Leute, ihre Augen auf uns zu richten? He, Vater?«

Diesmal gab der Vater keine Antwort. Mit dem Sohn auf dem Rücken lief er im Kanu entlang, er bückte sich vorsichtig und machte das Boot an einem Bolzen der Treppe fest. Nun richtete er sich wieder auf und begann, zum Markt hinaufzugehen, wobei er sich seinen Weg durch die Neugierigen bahnte. »Was ist denn passiert, sagen Sie, Señor«, fragten ihn die Leute und faßten ihn an die freie Schulter. Er antwortete nicht. Erst als er die letzte Stufe erreicht hatte, drehte er sich zum Fluß und brüllte einen Satz, den er in einer der schweigsamen Stunden des Weges gelernt hatte: »Ein Polizei-Inspektor hat ihn mit der Machete bearbeitet.«

Dumpfes Gemurmel brauste auf wie eine Welle und hüllte die Menge ein.

Als Vater und Sohn die Ecke erreichten, um auf die zum Marktplatz führende Straße zu gelangen, hatte die Nachricht bereits den Markt überquert und wurde in den Läden der Syrer kommentiert. Die Garköchinnen, die Händler und Fischverkäufer verließen ihre Stände, um, gefolgt von den Kunden, zur anderen Straßenmündung zu laufen. Dort warteten sie auf den Vater, der seinen Sohn trug, und sie schlossen sich jenem Wirbelsturm an, der durch die Wandelgänge und Portale der Häuser an der Plaza fegte, der dort, wo er vorbeikam, sogar die Türen schloß und die Leute zwang, sich auf die Balkons zu begeben.

»Sag mal, wohin bringst du ihn? Zum Hospital geht's da lang!« schrieen einige.

»Ich bringe ihn zuerst zur Radiostation«, sagte der Vater.

Als ob sie einen Befehl erhalten hätte, ballte sich die Menge, die ihm folgte, vor den Türen des Senders zusammen. Als der Vater dort ankam, schlugen die Leute schon gegen das Holz.

»Macht auf, macht auf!« riefen sie. »Macht auf, es ist dringend!«

Im zweiten Stock ging ein Fenster auf, und ein Mann sah hinaus.

»Was ist los? Warum dieses Durcheinander?«

»Macht auf!« schrie der Vater. »Ich befehle es im Namen der Gesellschaft.«

Seitdem er das Kanu verlassen hatte, hielt der Sohn die Augen geschlossen. Er spürte, daß die Hitze, die von den Leuten ausging, und ihre schrillen Schreie den Schmerz in der Wunde wieder anstachelten.

»Macht auf, carajo!« brüllte der Vater wieder.

Jemand öffnete die Tür einen Spaltbreit. Ein Mann mit rundem Gesicht und krausem Haar zeigte sich und sprach mit einer Stimme, die der Vater in den Wunschmusiksendungen gehört hatte.

»Was kann ich für Sie tun? Was ist los?«

»Lassen Sie mich herein, damit ich mit Ihnen reden kann«, sagte der Vater, indem er die Tür aufstieß und versuchte, mit dem Sohn auf dem Rücken einzutreten.

Der Mann, der geöffnet hatte, leistete anfangs Widerstand. Dann gab er nach und ließ die beiden herein, stellte sich aber sofort mit ausgebreiteten Armen in die Türöffnung. »Hinaus, hinaus!« rief er und schloß die Tür mit Gewalt. Als er sich umdrehte, um die Treppe in den zweiten Stock hinaufzugehen, betrat der Vater bereits die Senderäume.

»Wo sind die Sprecher oder die Besitzer?« fragte der Vater und postierte sich vor dem Schreibtisch eines dicken und dunklen Mannes, der auf einer Schreibmaschine tippte. Mit bohrendem Blick schaute er sich gründlich um.

»Ich habe gefragt, wo sie sind!«

»Was ist mit diesem Mann da? Ist er verletzt?« fragte der Mann an der Maschine und zeigte auf den Sohn, der über der Schulter des Vaters hing.

Jenseits des Durchgangs und des Redaktionsraums befand sich das Schaltpult des Senders. Eine Konsole mit drei Reihen Knöpfen und Schaltern, vor der ein Mann saß und Musik laufen ließ, die sich auf zwei enormen Plattenspielern drehte und drehte. Der Vater sah durch die Doppelglasfenster, wie der Mann die Regler betätigte. Der Aufnahmeraum war leer.

Wütend redete der Vater weiter: »Wo ist der, der die Nachrichten kriegt?«

»Ich bin das«, sagte der Mann, der auf der Maschine geschrieben hatte. »Ich mache die Radiozeitung.«

Der Mann, der geschrieben hatte, erhob sich von seinem Stuhl und lehnte sich dem Vater gegenüber an den Schreibtisch.

Der Sohn hatte die Augen noch immer nicht geöffnet.

»Dann schreiben Sie die Meldung auf, die ich Ihnen diktiere!«

Der Mann, der geschrieben hatte, blieb unbeweglich stehen. Er wußte nicht, was er tun sollte. Er sah dem Vater in die Augen, aber mit abwesendem Blick, ohne Ausdruck.

»Gut, wenn Sie es nicht aufschreiben wollen, dann schreiben Sie eben nicht, aber merken Sie sich gut, was ich Ihnen jetzt sage, und senden Sie es heute abend, ohne auch nur ein Wort zu verwechseln.« Er rückte den Sohn auf der Schulter zurecht, holte Luft und fuhr fort: »Der hier über meiner Schulter hängt, das ist mein Sohn. Der Inspektor der Polizei von El Guamal hat ihn mit der Machete zusammengehauen. Mein Sohn, das gebe ich zu, hat etwas Schlechtes gemacht, aber dafür ist das Gefängnis da. Man mußte nicht die Machete nehmen. Sagen Sie das heute abend so in der Radiozeitung. Und verwechseln Sie mir ja kein Wort!«

Der Mann, der geschrieben hatte, sah den Vater mit dem Ausdruck einer Heiligenfigur aus Holz an. Der Vater fuhr fort: »Ich habe meinen Sohn hergebracht, damit Sie ihn sehen, denn wenn einer Ihre Radiozeitung auffordert, solche Dinge zu sagen, dann passieren sie nicht oder sie passieren genau andersherum.«

Der Vater ließ seinen flackernden Blick streifen und fügte hinzu: »Wollen Sie noch was?«

Doch er wartete die Antwort des Mannes, der geschrieben hatte, gar nicht ab. Als der eine Erwiderung zusammensuchen wollte, lief der Vater schon die Treppe hinunter, niedergedrückt vom Gewicht des Sohnes.

»Gehen wir zum Bürgermeisteramt!« rief er der wartenden Menge zu.

Aus dem ganzen Ort waren Leute gekommen. Vor den Türen des Senders war es jetzt genauso heiß wie in den Gassen des Marktes. Plötzlich setzte sich die Menge Richtung Kirche in Marsch. Dem Vater, an der Spitze des Zuges, lief der Schweiß in Strömen, das Hemd war durchnäßt, die Hose fleckig.

Nachdem sie den Park durchquert hatten und auf der Straße waren, die am Bürgermeisteramt endet, suchte sich der Vater eine hohe Brüstung, um sich zu erholen und seinen Sohn dann auf die andere Schulter zu nehmen. Als er den Sohn nun auf die fliesenbedeckte Kühle der Brüstung gelegt hatte, öffnete der zum erstenmal die Augen und erblickte jene seltsame Menge, die drängelte, um ihn besser sehen zu können. Als er die Lider wieder schloß, fühlte er im Bauch die Schulter des Vaters, der ihn hochhob, um den Marsch fortzusetzen.

»Das ist alles gleich vorbei, mein Sohn«, sagte der Vater und gab ihm einen Klaps auf den Hintern.

Nach dem Erkennungssignal für außerordentliche Ereignisse hatte der Sender unterdessen die Nachricht gebracht. Und mitgeteilt hatte er, daß sich der Zug zum Bürgermeisteramt bewegt. Das allgemeine Entsetzen, hervorgerufen durch die Entführungen jener Monate, durch jüngste Gemetzel an organisierten Bauern und durch die Schläge der Guerilla, ließ Händler und Lebensmittelverkäufer eilig ihre Läden schließen. Aber das ganze neugierige Dorf lief los, um den Tumult am Bürgermeisteramt zu erwarten.

Der Oberleutnant traf Vorsichtsmaßnahmen und alarmierte die Polizei. Fünfzehn Polizisten ließ er vor dem Portal der Gemeindeverwaltung Aufstellung nehmen, und er gab den strikten Befehl, nicht zu schießen, bevor das Kommando ertönt.

Vom Gewicht des Sohnes gebeugt und mitgenommen durch Durst und Hitze, stieg der Vater die Treppe der Gemeindeverwaltung hinauf, durchquerte die Büros vom Katasteramt und trat schließlich ins Amtszimmer des Bürgermeisters. Ein Polizist, der eigentlich Eindruck schinden sollte, lief vor ihm her und bahnte ihm mit dem Schlagstock den Weg.

Als sich die Türen des Amtszimmers hinter dem Rücken von Vater und Sohn geschlossen hatten, räumten die Leute die Stirnseite der Gemeindeverwaltung und rannten los, um sich in Trauben an die Fenstergitter in der Seitenstraße zu hängen.

Das Amtszimmer verdunkelte sich, als die Leiber das Fenster bedeckten. Die Einfassungen knirschten, doch den Bürgermeister beunruhigte das nicht. Als der Vater ins Amtszimmer trat, befanden sich dort nur der Bürgermeister und der Oberleutnant.

Der Vater legte den verletzten Sohn auf ein Sofa aus Bambus, wischte sich den Schweiß mit einem Ärmel des Unterhemdes aus dem Gesicht und baute sich vor dem Schreibtisch des Bürgermeisters auf.

»Gut, also los, was gibt es? Erzählen Sie mir, was los ist«, begann der Bürgermeister in väterlichem Tone, ohne Aggressivität.

Der Vater schleuderte trocken und hart einen Satz von sich: »Dieser mein Sohn wurde vom Inspektor der Polizei von El Guamal mit der Machete zusammengehauen.«

Der Oberleutnant machte einen Schritt nach vorn: »Na los, ändern Sie Ihren Ton«, sagte er militärisch. »Er ist der Bürgermeister.«

Der Bürgermeister sprach wieder in demselben väterlichen Ton: »Und warum verletzte er ihn?«

»Das geht Sie nichts an«, sagte der Vater, der den Tonfall beibehielt. »Es reicht, wenn Sie wissen, daß Ihre Inspektoren die Bürger mit der Machete traktieren. Und das erlaubt nicht mal das Gesetz. Deshalb habe ich meinen Sohn hierhergebracht, damit Sie sehen, daß das keine Lüge ist. Weil in diesem Land, Ihrem Land, weder Beschwerden noch Rechte beachtet werden.«

Der Vater kehrte dem Bürgermeister und dem Oberleutnant den Rücken, hob seinen Sohn wieder auf, warf ihn sich über die Schulter und ging zur Tür.

Der Oberleutnant und der Bürgermeister sahen sich an und lächelten. Dann hoben sie die Schultern und verzogen ihre Mienen.

»Jetzt, mein Sohn, nehmen wir ein Auto, das uns zum Hospital bringt, damit man Sie gesund macht«, sagte der Vater und öffnete mit dem Fuß die Tür. Bevor er das Amtszimmer verließ, drehte er sich noch einmal um und sagte: »Jetzt kommt die nächste Schwierigkeit:

ob sie einen in Ihrem Hospital überhaupt behandeln. Wenn man nicht die Empfehlung eines Politikers mitbringt, setzen sie den Kranken auf eine Bank, bis er endgültig gestorben ist. Was für ein schönes Land ist Ihr Land!«

Im Büro wurde es wieder hell, als sich die Leute von den Fenstern lösten und losliefen, um den Verletzten an der Eingangstür zu erwarten.

»Sie, der Sie gerade erst gekommen sind, Oberleutnant, werden sich an die Verrücktheiten der Leute hier schon gewöhnen« sagte der Bürgermeister.

»Ist das hier immer so?« fragte der Oberleutnant.

»So was kommt vor. Aber dieser Mann ist verrückter als alle.«

Darío Jaramillo Agudelo
Liebesgedichte

1

Dieser andre, der auch in mir wohnt,
vielleicht Eigentümer, Einbrecher vielleicht oder Flüchtling
    in diesem Körper, der nicht seiner ist oder vielleicht
    auch unser beider,
dieser andre, den ich fürchte, dieser Unbekannte,
    Raubtier oder Engel,
dieser andre, der stets einsam ist, wenn ich allein bin,
    Vogel oder Dämon,
dieser Schatten von Stein, der in und außer mir gewachsen ist,
Echo oder Worte, diese Stimme,
    die in mir antwortet, wenn man mich fragt,
der Herr meiner Verwirrung, dieser Pessimist, der Trübsalblaser,
    der, der grundlos lacht,
dieser andere,
er liebt dich auch.

2

Ich könnte dich einfach aus meinem Leben streichen,
deine Anrufe unbeantwortet lassen und dir die Haustür nicht
öffnen,
nicht an dich denken, dich nicht begehren,
dich nicht suchen, an keinem gemeinsamen Ort
    und dich nicht wiedersehen,
nur Straßen gehen, von denen ich weiß, daß du sie meidest,
jeden Augenblick, den wir geteilt haben,
                      aus dem Gedächtnis streichen,
jede Erinnerung einer Erinnerung an dich,
dein Gesicht so völlig vergessen, daß ich dich nicht wiedererkenne,

ausweichend antworten dann, wenn jemand nach dir fragt,
und so tun, als hättest du nie existiert.
Aber ich liebe dich.

3

Ich rieche nach dir.
Dein Geruch verfolgt mich, verfolgt und besitzt mich.
Dies ist kein Parfüm, das dich überlagert,
ist nicht der Duft, den du so trägst wie ein Kleidungsstück:
Es ist dein eigentlicher Geruch, dein einziger Nimbus.
Und wenn die Leere in mir, der ich fort bin, dich herbeiruft,
dann kommt eine Bö deines Atems zu mir
        aus dem zärtlichsten Zentrum der Nacht.
Ich rieche nach dir,
und dein Geruch durchdringt mich, seitdem wir das Lager teilten,
und mich ernährt dieser feine Duft,
und dieser Wesenshauch tritt selbst an meine Stelle.
Ich rieche nach dir.

4

Eines Tags schreib ich dir ein Gedicht,
        ohne die Luft und die Nacht zu erwähnen,
ein Gedicht ohne Blumen – weder Jasmin noch Magnolien.
Eines Tags schreib ich dir ein Gedicht ohne Vögel und Quellen,
        ein Gedicht, das auch das Meer vermeidet
und das nicht mal nach den Sternen schaut.
Eines Tags schreib ich dir ein Gedicht,
        das nur die Finger über deinen Körper streichen läßt
und das deinen Blick zu Worten macht.
Ohne Vergleiche, ohne Metaphern,
        will ich eines Tages ein Gedicht dir schreiben,
                das riecht wie du,
ein Gedicht mit deinem Pulsschlag,

mit dem festen, warmen Nachdruck deiner Arme.
Eines Tags schreib ich dir ein Gedicht,
        es wird das Lied von meinem Glück.

5

Benommen und verwirrt,
voller Geräusche,
ohne Mittelpunkt und ohne Ruhe,
die Verbindung nach jenseits der Haut ist unterbrochen,
kopflos durch das unaufhörliche Schlagen dieses Herzens
– gevierteilte Erde, graue Asche auf der Brust –,
so verbringe ich diese Nächte von Hitze und Halbschlaf,
diese Nächte, da ich ohne dich bin.

6

Deine Stimme durch das Telefon so nah,
        und wir beide so weit voneinander,
deine Stimme, meine Liebe, am anderen Ende der Leitung,
und ich bin hier allein auf der anderen Seite des Mondes,
deine Stimme durch das Telefon so nah,
        sie tröstet mich,
                und du so weit von mir, so weit entfernt,
deine Stimme, die wiederholt, was wir erledigen müssen:
        »Wir müssen dies tun und dann das
                        und bringen nichts zu Ende«,
oder die mir von einer magischen Zahl erzählt,
die den Lärm der Welt zu übertönen sucht
        und mir verschlüsselt sagt, daß du mich liebst.
Deine Stimme ist hier, und so fern, die allem seinen Sinn gibt,
deine Stimme ist Musik für meine Seele,
deine Stimme, Klang des Wassers, ist Beschwörung
                                und Verzauberung.

7

Lob meiner wachen Nacht,
du hebst den Abgrund meines Herzens auf
und machst zunichte die Augenblicke des Grauens.
Gesegnet seien deine Zärtlichkeit und deine Worte,
    Meine Liebe Frau von der Sanftmütigen Nachtwache,
mein Mädchen, das es haßt, morgens zu weinen,
du Mädchen, das zu Hause Selbstgespräche führt und lacht.
Zerbrechliche Welle, unter meinem brennenden Leib
    verkohlt dein Körper, der mir gehört,
        in einem Fieberwahn von Licht,
und dann sind wir ein Stoff.
Du Blume meines Keuchens und meiner Ekstase,
    du schweigsame, die du durch deine Hand
        auf meiner Brust so deutlich schweigst und sprichst,
die du der Zeit gestattest, über uns
    hinwegzugehn und uns nicht zu berühren,
wir zusammen sind ewig.

8

Deine Zunge, deine kluge Zunge, die meine Haut erfindet,
deine Feuerzunge, die mich entzündet,
deine Zunge, die den Augenblick des Wahnsinns schafft,
    das Delirium des verliebten Leibs,
deine Zunge, heilige Peitsche, süße Glut,
du Anrufung der Brände, du, die mich entäußert, mich verwandelt,
deine schamlose Zunge aus Fleisch,
deine hingebungsvolle, alles fordernde Zunge, deine Zunge, ganz mein,
deine schöne Zunge, die meine Lippen
    elektrisiert, die meinen ganzen Körper durch dich läutert,
deine Zunge, die mich erforscht und mich entdeckt,
deine herrliche Zunge, die mir auch
    sagen kann, ich liebe dich.

9   *Ich bin nicht glücklich, aber du bist mir genug.*

                                          René Char

Euphorisch, außer Fassung und gefährlich fröhlich
                      für so graue Zeiten,
lasse ich meine Worte über den Klang des Lichts,
       über das rauschende Wasser der Liebe und des Fleisches:
Hier bleibt heut nacht und schon verstummt
       nur ein einziger Schweiß von zweierlei Haut
                    von einem gemeinsamen Körper;
du schläfst an meiner Seite, ich sehe dich an,
    um sicher zu sein, daß du lebst,
       und sehe den Safran des Monds,
       aufgelöst in deinem Haar.
Ich höre nichts als dein langsames Atmen,
       und diese Luft von dir begeistert und rechtfertigt mich;
du bist das klare Geheimnis, das mich erleuchtet,
       das durchschaubare Zeichen, der Zauber, der mich nährt,
in deiner gelassenen Ruhe gibst du der Welt ihren Sinn:
Deine Lippen von freudigem Weinrot öffnen sich halb,
       den ruhigen Engel des Schlafes zu empfangen,
und ich berausche mich an deinem Schlaf,
       da deine Augen Sonne und Vögel ernten;
von dir ernähre ich mich, vom zarten Schatten
       deines Körpers, der mich küßt,
der allen Ekel aus meinem Herz vertreibt und der
       es tröstet und es mit Musik erfüllt;
das ist leben: wissen, daß du bist und ich dich liebe.

10

Niemand soll diese Liebe berühren.
Keiner soll das Siegel unseres nächtlichen Himmels öffnen,
verschwiegen sei die seelige Luft unsrer sanften Seufzer.
Kein Fremder beflecke deinen und meinen Traum:

Ein Eindringling ist jeder Besucher
    in der Behaglichkeit, die uns beherbergt;
hier ist die Zeit frisches Wasser, das fließt,
    fast nur ein leichter Flug,
und alle Leute wohnen fern von unserm Wundergarten,
fremd unserem geheimen Paradies.

II

Gelegenheitsgedichte, um Liebe zu erklären,
bedeutende Gedichte, um Liebe zu erklären:
vergebliche Versuche, die Chronik eines
                sicheren Instinktes zu verfassen,
vergebliche Versuche, Liebe zu erklären.
Nie wird das trunkene Wort, die tolle Ahnung des Dichters
diesen seeligen Wahnsinn erfassen.
Vielleicht ist schweigen das einzig Vernünftige in der Liebe
und davon reden ihre größte Torheit.

12

Immer noch ganz dein.
Für immer ganz dein, bis heute und danach,
immer dein, denn, um zu sein, brauche ich das,
immer ganz dein,
immer, auch wenn immer niemals ist,
immer ganz und gar dein, bis jetzt und immer mehr
                in jedem neuen Augenblick.
Die Zeit bis zum Ende der Welt steht uns zur Verfügung,
die ganze Zeit bis zum Ende der Welt, das ist die nächste Nacht,
immer noch ganz dein.
Sicher, auch morgen als deiner zu erleben,
immer dein, von heute an, Morgen für morgen.
In dich verliebt, immer und jetzt, ohne Erinnerungen,

dich in der Gegenwart immer liebend,
ewig dein,
immer noch ganz dein.

13

Das erste ist die Einsamkeit.
In den Eingeweiden und im Mittelpunkt der Seele:
Das ist das Wesen, die Grundvorgabe, die einzige Sicherheit;
daß nur dein Atem dich begleitet,
daß du immer nur mit deinem Schatten tanzt,
daß diese Finsternis du selber bist.
Dein Herz, dieses ratlose Ding, soll sich nicht betrüben
            ob deines einsamen Geschicks;
laß es hoffen hoffnungslos,
daß die Liebe ein Geschenk ist, das
            eines Tages ganz von selber kommt.
Das erste ist die Einsamkeit,
und du bist einsam,
du bist allein mit deiner Erbsünde – mit dir –.
Vielleicht erscheint eines Abends um neun die Liebe,
und alles tut sich auf, und es wird Licht in dir,
du wirst ein anderer, weniger bitter und glücklicher;
aber vergiß nicht, besonders dann,
wenn die Liebe kommt und dich versengt,
daß zuerst und immer die Einsamkeit ist
und danach nichts
und danach, wenn sie denn kommt, kommt vielleicht die Liebe.

14

Ich weiß, die Liebe
gibt es nicht,
und ich weiß auch,
ich liebe dich.

Eduardo Gómez

Die phantasierende Stadt

Wenn der Abend die Angst von den Armenvierteln nimmt
und an den übervölkerten Hügeln die Galane des Todes erscheinen
und die Jünglinge ihre feurigen Dolche schleifen
und die Mädchen ihre Brüste tödlichen Fallen gleich straffen
wenn Luxuskarossen das bedrohliche Elend fliehen,
schwer von der Last der Leibwächter mit Revolvern im Gurt,
und das Zentrum der Stadt von Wilderern wimmelt,
und künftige Opfer mitschuldig an eigener Verwundung,
                            eigenem Tod werden;
wenn die Kirchen sich füllen mit Gläubigen,
                            entstellt von der Arbeit,
und die Bettler, das Göttliche Gericht anrufen,
                            ihr Aas zur Schau zu stellen,
während Passanten den Atem anhalten ohne hinzuschauen;
wenn der Polizist auf das hungernde Kind einschlägt
und Wehgeschrei die aus tausend Augen
                            starrende Straße aufschreckt
und ein Krankenwagen mit kreisendem Licht
                            und Todesgetöse vorbeifährt;
wenn in den feuchten Bäuchen pausenlos spielender Kinos
durchdringender Duft die Pupillen erglänzen läßt
und angestrengtes Atmen von geheimer Wollust kündet,
Wollust, die chaotisch wird, wenn die kindischen Zuschauer
mit Hilfe gebrochener Herzen auf riesigem Bildschirm fliehen;
wenn die Stille der Mitternacht naht
und zwischen Wolkenkratzern die ersten Gespenster auffliegen,
dann kommt es vor, daß meine Seele
                        zwischen Büchern und Hirngespinsten
dem Schweigen dieser Stadt der verschlossenen Fenster lauscht,
wo das Verbrechen zuschlägt mit glühendem Kuß,

wo die Liebe, zerstreut und dem Tode schon nah,
für die Liebenden, die kämpfen, um die Hoffnung zu täuschen,
und die versuchen, in einem einzigen
                              allmächtigen Wesen zu verschmelzen,
so weichen sie, feige, den notwendigen Unterschieden aus
und verdunkeln ihre Worte mit süßlichem Gesang.
Überheblich und gelassen amüsier ich mich im Halbdunkel,
alle versteh ich, doch kann ich sie nicht lieben,
und wie einem Flusse lausche ich der phantasierenden Stadt,
die in den Schluchten aus tobender Vorzeit siedet,
in der die ausharrenden Träumer insgeheim wieder Mut fassen,
die Erforscher der Katakomben, in denen Gespräche glühen,
die Abenteurer des Meeres, die den Sirenen ausweichen
und jungfräuliche Inseln suchen, um nackt zu sterben,
und all jene, die, aus den Tiefen heraus,
unterirdischen Gesang anstimmen, Gesang,
                              der langsam emportaucht
und fern in der Zukunft ein unerschöpfliches Dasein
voll Suche nach Höherem und Taubenspiel verheißt.

Nacktheit

Nichts gehört uns wirklich,
wir haben alles als Darlehen zu pfleglichem Gebrauch erhalten.
Künftige Generationen werden unser Haus bewohnen,
und das Brot, das wir essen, ward noch mit Blut angerührt.
Ohne Grund erscheinen wir auf der Welt,
emporgetaucht aus endloser Dunkelheit.
Das Dasein ist ein Augenblick voll Licht,
                              der uns geschenkt,
und eines Tages gehen wir wieder, nackt und allein,
wie kann man da von Sonderrechten sprechen?
Wie kann man nur töten im Namen von Dein und Mein?

Tränenloses Requiem

Vor einem Monat begann dein Sterben,
und die ganze Zeit
spielen die Kinder im Park wie immer,
und dein Zimmer wurde vermietet
an einen riesigen und polterigen Arbeiter,
und auch auf den Straßen geht alles seinen gewohnten Gang,
obwohl dein Gesicht in der Erinnerung immer mehr verblaßt.

Wenn mich nachts das Dunkel umhüllt,
bemüh ich mich voller Angst, dich wiederzubeleben,
dein Gesicht stell ich wieder her, indem ich die Augen schließe
                                        und die Fäuste balle,
doch am Ende schwebst du nur durch einen mondhellen Garten,
und alles ist vergebens, weil du kein Wort sprichst,
und dein Bild zittert und entschwindet
als rührten wir an Landschaften,
die ein stilles Wasser widerspiegelt.

Die Leute arbeiten
                unterhalten sich
                                gehen an mir vorbei,
und ihre Blicke gleiten gleichgültig an mir ab.
Ich finde sie grausam,
aber dann fällt mir ein, daß sie dich nicht kannten,
daß sie in mir den Boten mit der furchtbaren
                                        Nachricht nicht erkennen,
und selbst wenn sie dich gekannt hätten und geliebt,
könnten sie dann etwas tun, das ihnen nicht ans Leben ginge?

Unsere Welt beginnt jung zu werden,
unsere Welt liebt nur
jene Toten, die ihr mehr Leben gegeben haben.

Deshalb wirst du dem Vergessen nicht entkommen,
deshalb fällt es so schwer, dich zurückzuhalten,

deshalb ist es so einfach,
die Leere, die du hinterlassen, auszufüllen.
Unschuldig war dein Leben,
und dein Tod erschüttert nicht.
Nur ein Lächeln ist noch, das der Nebel verwischt,
ein melodisches Echo, das sich in düsteren Gängen verliert,
wohin wir ihm nicht mehr folgen können.

Rätsel und Festland

Wir leben am Rande völliger Abwesenheit
und reisen ziellos durch den unendlichen Raum.
Zuviel Sinnloses lauert uns auf,
um die Helligkeit zurückzudrängen, wann immer es geht,
um uns an Gefühl oder Schrei zu ketten.

Einen anderen Himmel gibt es nicht und keine andere Hölle
als jene, die uns die Geschichte beschert.

Anonym

Jener Mann dort hatte keine Mutter.
Kaputte Hände besaß er,
verschwommene Landschaften
und eine dunkle Gitarre,
die er ausgiebig liebkoste.

Jener Mann dort,
– Juancho,
Pablo –
sagte wortlos, er habe Hunger,
nur mit verstopften Adern
                            sprach er
von der Leidenschaft zu lieben.
Er hatte keine Mutter.

Ständig lief er kopflos
– der Arme! –
durch eine schweigende Ebene
dahindämmernder Verletzter.

Vielleicht hat er eines Nachts
fast begriffen.
Vielleicht,
doch er schaffte es nicht.

Er hatte keine Mutter.

Wiederherstellung des Wortes

Wozu kleine Verse schreiben,
wenn die Welt so riesig ist
und das Getöse der Stadt die Musik erstickt?
In diesem Kampf der Giganten
benötigt man Waffen großer Reichweite.
Bei diesem tödlichen Schmerz
berauschen die Lieder oder sie schläfern ein.

Das Blut von Generationen
und von Völkern ist der Einsatz,
und eine Welt, bereit, den unendlichen Menschen
zu gebären.
Zu hoch ist der Einsatz,
um alles nur für ein zufälliges Wort zu riskieren.

Es ist an der Zeit, andere Menschen und andere Taten zu rühmen.
Es ist an der Zeit, nach Zuständen zu suchen,
in denen das Wort notwendig ist,
und zusammenzuleben mit jenen,
denen das Wort Befreiung bedeutet.
Nur das Wort, das die Macht der Tyrannen und der Götter gefährdet,
ist es wert, ausgesprochen oder aufgeschrieben zu werden.

Melancholie der Leiber

Leiber habe ich geliebt,
feste Leiber,
großartig aufgerichtet,
voll von Arterien und Rosen,
weiten Gefäßen,
in denen ich nicht verströmen konnte, sondern nur die Liebe.

Alle fahren irgendwohin,
endgültig.
Einige schweben
im Rhythmus,
schweigsam,
bis in einen Winkel voller Veilchen
und wurmstichiger Kreuze.

Andere sind
Tänzer
mit von Sonne schwerem Haar.
Das sind jene,
an denen ich lange Gefallen fand.
Das sind jene, die noch
den gefrorenen Backstein der Gräber auftauen.

Trauben goldener Leiber
habe ich geliebt,

Früchte
für die mageren Kinnladen des Todes.

Wirres Gezweig
von Armen,
Schuhen und Mündern,
die pausenlos
und hastig reden,

um das nackte Fleisch zu verhüllen,
um den leeren Ort der Liebe
mit Echos zu füllen.

Unzählige habe ich geliebt
– die Nacht lag ausgebreitet auf den weißen Plätzen –,
ich hörte ihren mächtigen Seufzer,
ihre zahllosen Herzschläge.
In ihren Armen und Armen lag ich,
ich leuchtete vor Blicken,
besaß ihren wogenden Körper
voll unvergleichbarer Möglichkeiten,
voll unerwarteter Begegnungen.

Betrachtung über die Liebe

Die Küsse, die die Prüfungen des Alltags nicht bestehen,
sind so verlogen
wie die Verkündigungen derer über den Ruhm der Schlachten,
die das Gemengsel aus Blut und Schlamm nie gesehen.
Um in Kämpfen wirklich gut zu zielen,
muß man einen Sohn gehabt
oder sehr geliebt haben;
andererseits bäckt kein meisterhaftes Brot,
wer nicht den ruhigen Puls und den offenen Blick
                                    eines Kriegers besitzt.

Die Persönlichkeit

Unter all den Tieren, die beißen, fällt die Fledermaus auf,
umhüllt von schwarzem Flor,
dolcht sie blindlings
in das Fleisch der Ratten
nachdem sie es zuvor
rechtzeitig

abgelehnt hat, nur wegen der Gezeiten zitternder
            Wellen die scharfe Stille ihrer Nächte zu durchlöchern.
Während der Messen des roten und purpurnen Weins,
während der Zeremonie der Peitschen, die das prachtvolle,
                        das ausgebreitete Fleisch beflecken,
beim Tanz schwächlicher Seminaristen
bricht sie den Reihern, die über den Gewässern
                        des Traums abgestürzt, das Genick.
Ihr Mäusekopf lacht, zeigt die mit Tabak
                    und mit Blut beschmutzten Zähnchen,
zeigt seine Öhrchen, beleidigt durch die verhunzte Sinfonie,
den fernen Sturm, der im Bauch der Brunnen widerhallt.
Nur sie vermag das blaue Geräusch der Schlangen zu hören.
Nur sie versteht den esoterischen Seufzer der Schweine-Musikanten.
Mit rosarotem Penicillin salbt sie täglich
                        sich die Fingerchen aus Atlas,
während sie die Beschwörung des
                        weltumspannenden Weinens zelebriert,
den Grabgesang der Mondsüchtigen
oder den Segen für die, die beim letzten Fasten des Winters starben.
Sie reckt ihr Körperchen einer Vogel-Maus
                        inmitten der bußfertigen Mörder,
genau dann,
wenn die Gekränkten mit verzeihenden Augen sehen
                und die Nacht sich mit roten Funken ankündigt,
wächst ihr Schatten wie ein verkommener Baum in den Himmel,
ins Leere gestreckt wie ein schwarzer Schrei.

Eine Hoffnung

Die Armen schneiden das Brot mit schwerer Hand
gewissenhaft
            in feine Scheiben.
An Feiertagen besuchen sie Friedhöfe,
überlaufene Jahrmärkte, auf denen sie nichts kaufen,
verlassene Parks oder düstere Kirchen.

Die Armen trotten wie Hunde,
sie ertrinken schwerfällig auf dem Grund von Flüssen,
die durch die Kellergewölbe riesiger Fabriken toben,
in ihren strengen Augen glimmt ein verborgenes Feuer,
und in ihren Muskeln wächst ein schlafender Dämon.

Der Zauber der Nacht

Aus alten Städten, die für immer schlafen,
aus Flüssen, die im Stein ermüdet,
aus dem Mond, der des Stieres Todeskampf schillernd beleuchtet,
aus Flöten, die an verschatteten Seen erklingen,
aus jenen Winkeln, in denen eine Zärtlichkeit
                              uns für immer gezeichnet,
aus Judas' Verrat eines Blechringes wegen,
aus der Veilchenkrone für tote Nonnen,
aus der düstern Seite der Seele am Ende eines vergeblichen Tages

wächst die Nacht.

Über unerschlossenen Gebieten breitet sie sich aus,
ein dunkler Hauch,
wie die blinden Fußspuren von Verstorbenen,
die Fackeln der Tempel entzündet sie wieder,
die Berge verbergen ihre durchsichtigen Flügel,
die Liebenden entkleiden sich in ihrem Flusse,
und die Kinder ängstigen sich in der Küche,
wenn der Mond sich verbirgt und die Krieger
über ein fernes Feld galoppieren.

Der Kreislauf der Stille

für Carlos B. Gutiérrez

Aus der Stille gekommen,
existieren wir im Wort.
Wir erforschen das Schweigen
      – auch das Wort verbirgt etwas –
und wir fliegen weit fort
      – noch mehr, wenn wir uns nicht rühren.

Die Heilige Nacht erleichtert uns,
aber der Überdruß deckt auf,
daß wir den schrecklichen Abgrund des Himmels
momentan vergessen haben.
Die Liebe und die Freundschaft verteidigen uns – vorübergehend –,
aber sie vermögen nur, die Erstarrung
angesichts der unwiderruflichen Einsamkeit
      des Todes hinauszuzögern.

Mittlerweile beherrscht uns der Zauber der Gegenwart,
die Widerstandsfähigkeit ewiger Schönheit,
die gescheiterte Erkundungsfahrt jenseits der Worte
und die traurige Gewißheit vollkommener Namen,
bis uns die Stille am Ende wieder einholt.

Eduardo Gómez | 55

Héctor Rojas Herazo
Celia in Verwesung

Das nun war die Rückkehr: der Dunst in der Ferne, die wenigen Lichtpunkte, ihr Schimmern im Frühnebel, der in diesem friedvollen Augenblick ganz und gar unwirklich über den Wellen lag. Er erinnerte sich an das andere Schiff, das mit den drei Decks, es hatte am Kai der am Strom gelegenen Stadt angelegt. Mit solch ohrenbetäubendem Lärm und so grell erleuchtet, daß seine fehlende Zurückhaltung einem Überfall gleichkam. Wieder hörte er das Pfeifen der Kessel. Wieder fühlte oder ahnte er, wußte er genau, daß sein Leben sich tiefgreifend verändern würde, wenn er dieses Schiff bestieg. Das Amtshaus in seinem Dorf fiel ihm ein (ich sehe es jetzt vor mir, wider alle Logik kleiner geworden, beinahe fremd, von Wind und Wetter gezeichnet, mit dem Stützbalken, der dort nicht hingehört und der doch den weiteren Zusammensturz einer Mauer aufgehalten hat), still stand es da mit seinem seufzenden Geheimnis, als hätte es an Masse verloren und wollte, als der Nachmittag seine Fensterscheiben entzündete, Schwingen ausbreiten. Auf dem Schiff und in seiner Nähe war nichts als Trubel, Krach und Keuchen. Einige Dutzend Männer schleppten Kisten, Überseekoffer, Reisegepäck oder Stapel von Brettern, hasteten pausenlos über den vier Planken zwischen Deck und Kai hin und her. Ein hochgewachsener, knochiger Mann mit dem Aussehen eines Priesters, der seine Kopfbedeckung (und seine Seele dazu) gegen ein Käppi vertauscht hatte, gab lautstark und schneidend Befehle, die anscheinend niemand befolgte.

Starr, mit gekrümmten Rücken und von der Schinderei verzerrten Gesichtern hasteten die Stauer, ohne ihm Beachtung zu schenken, an ihm vorbei. Auf dem Pier herrschte ein unübersehbares Wirrwarr von Frachtstücken und im Dreck herumwatenden Mauleseln. Als er den Landesteg hinaufging, mußte er zur Seite treten, sich dicht am Geländer halten, um einer hageren Dame mit hochmütigem, welkem Gesicht und in rauschender Seidenkrinoline Platz zu machen (ihr sollte er später in Julias Poesiealbum über dem Sonett von Ricardo Nieto wiederbegegnen). Hinter ihr stieg steif ein Mann mit Melone und Schnurrbart herunter, der an Haudine aus Señor Babuchóns Frisörladen erinnerte. Die beiden hinterließen in seiner Erinnerung einen Hauch von Geranienduft inmitten eines penetranten Gestanks nach Lasttieren, Schweiß und verkohltem Holz.

Doch das war die Rückkehr. Die jetzt reglosen, von keinem Lufthauch bewegten Mandelbäume gegenüber dem weiträumigen Laden (das Haus mit den unzähligen Räumen, aus dem der Geist des Erzbischofs, und vorneweg Aniselda Urrucaúrte, auf Kühlschränken wie auf einer Mutterkuh herausreitet, der Ort, an dem in öden, unendlichen Gesprächen zwischen dem Dicken und den drei – oder waren es eigentlich vier? – Fremden der Verkauf und Weiterverkauf und der wie unter Zwang betriebene Wiederverkauf und letztendliche Verlust von Cedróns Rindvieh und Gemeindeland ausgehandelt wurde), das flache, langgestreckte Haus, in dem so manche Nacht Don Baústo und der dumme Wasserdieb, der in seinem Rausch die kleinen Kinder frißt, erscheinen und Canutos blinden Esel bepacken oder auf ihm reiten. Ja, genau derselbe Steinfußboden, den man einmal verlängerte und dann wieder verkürzte und den die Erinnerung verklärt hat. Ausgewichen unter das Vordach, und plötzlich der Schlag von dem Spielgefährten, er hält sich für den Oberräuber höchstpersönlich, und vom toten Vetter (der treueste und schweigsamste unter Emús Farbrührern, ihm war er Vorbild für den, nach ursprünglichem Plan, von einem Engel in die Luft gehobenen Tobias. Der Engel mußte dann nacheinander einem Pfeil, dem Teufel, einer Frau mit ausladendem Hinterteil, großen Nasenlöchern und Brüsten und einem Barrakuda weichen), der augenzwinkernd und mit spitzem Mund auf die Stelle weist, an der sich der kleine Dickwanst versteckt hält: die Akte hatte er geklaut. Und beim Anblick des unvermuteten Geheimnisses eines Seglers, der in das Blau von Meer oder Himmel eine zarte, fast unsichtbare Gischtwunde zeichnet, plötzlich nachdenkliches Anhalten. Oder der verzauberte Blick auf den Flug eines Baßtölpels (»guck ihn dir nur an, diesen Lügenbold«, mahnt Onkel Valerio, »der tut, als würde er eine Sardine verdrücken, und so eine ist ihm noch nie im Leben unter die Augen gekommen; guck nur hin, der schamlose Gauner«), der Kreise zieht, kurz innehält, die

Schwingen anlegt und sich pfeilschnell und reglos, wie ein in graues Tuch gehüllter Stein, nach unten fallen läßt; und er sitzt dabei auf den Steinen, wippt kurz über dem Boden mit den Füßen. Und die Rufe. Die nackten Körper prasseln wie im Fackelschein, tanzen, balgen sich voll Lust im Sand, in der Wolke beinahe, die sich zusammengeballt hat, so schnell und mächtig wie der Rauch über einem brennenden Dorf. Denn diese jetzige Kälte – ein schwaches Pfeifen, ein Rauschen, eher aus meinem Hirn als aus der Luft, mehr aus meinen Wünschen als aus dem frühmorgendlichen Halbdunkel kommend – ist nicht von dieser Welt. Und das Haus gleicht einem bärtigen Robinson, ganz und gar mit Haaren bedeckt, ein Wrack, an der Ecke gegenüber der Plaza, auf der im Licht der beginnenden Morgendämmerung ein paar Lampen flackern.

Langsam geht er weiter, hört den rasenden Atem der Träger, sie schleppen auf ihren Schultern mehr Lasten fort, als sie können. Und – klar, lebhaft, schnell – Geräusche, Worte, die sich in einem hellen Gezwitscher verlieren, das Rascheln von Blättern, das sich zu einem leichten Wind verstärkt, Knistern und Knarren, das die vergessene Katze oder die Eidechse erstehen lassen, sie schlüpft durch Spalten und durch die Brandung und reibt ihr Geruchsorgan an Brettern und Gestein und auseinanderfallendem Kot und abbröckelndem Zement. Und ein Kind (ich bin es), das auf die Erde schaut, in den Dunst, die Wellen, den Tag, der seufzend erwacht. Die Rückkehr, ja, das ist die Rückkehr. Und das Kind (jetzt ist es der Mann) erinnert sich an den Namen. Und nun ist es da, dieses Kind, wartet auf ihn, unter dem Vordach, auf dem Steinfußboden, genau dort in der Tür, wo er und seine Schwester am Abend, vor dem Schlafengehen, noch immer sitzen und verwundert Märchen hören von Wölfen, die aussehen wie Großmütter und von sprechenden Spiegeln und unsichtbaren Spinnen und Schmetterlingen, die Empfindungen und Dinge an einen anderen Platz schaffen, und in denen es einen Menschenfresser gibt, einen einsamen Menschenfresser, der sich in andere Menschenfresser verwandeln kann und doch nicht richtig anders wird, einen mit Mönchsbart, Puppenlocken und Zickleinaugen, mit honigsüßer Stimme und Armen, die so dick sind wie zwei Türme und so sanft wie Wasser, blutrünstig ist er, zärtlich und unersättlich, ohne Unterlaß lockt und sucht er die kleinen Kinder, folgt ihrem Geruch, kriecht durch die Hausflure – traurig, einsam und wehleidig, geliebt und geführt einzig von der Dunkelheit – bis er, allgegenwärtig und rechtzeitig, an jeder ihrer Wiegen steht, in denen sie schlafen, sich unter ihre Decke legt und sie mit einem Lied auf den Lippen auffrißt. Und er bittet um Einlaß, klopft nicht an, sondern rüttelt leicht an der Tür (ich höre jetzt ihre Seufzer, mit denen sie klagend aus dem Leinen ihres Bettes steigt, höre, wie sie den ewig in der Mitte stehenden Schaukelstuhl wegrückt, und, Ach meine Knochen, wie sie unter Ächzen und Stöhnen langsam den schweren Riegel hebt, und schließlich ist die Tür einen Spalt offen), und dann dieses zitternde, zusammengeschrumpfte Geschöpf, bläulich in der blauen Morgendämmerung, das war einmal die Märchenerzählerin. Mit ihren verschlafenen Augen schaut sie ihn von der Seite an, und sie erkennt ihn nicht. Und plötzlich, was für ein großes Loch in diesem gequälten Gesicht, sie streckt ihre Arme aus (die Arme, ihr ganzer Körper, riechen nach Küche, nach Pißläppchen, nach abgegriffenem und wieder und wieder verwendetem Plunder, nach dem, was verschlissen ist, ausgebleicht, abgeschliffen, aus Notwendigkeit, aus Liebe, aus ergebenem Dank) und versucht ihn zu umarmen, aber sie scheint fast blind in ihrem Tasten und Tapsen. Und ihr plötzliches Ach mein Junge, du bist es und ihre verklebten Augen sehen aus, als ob sie weint, und er fühlt beinah nichts unter diesen Fetzen. Nur dort, wo die Brust sein muß, als ob ein angstzitternder Vogel in den Lumpen Schutz gesucht hätte. Sie riecht nun noch stärker nach dem Urin der letzten Nacht, nach ausgespültem Mund und nach schmerzenden Schultern, nach Zahnfleisch, auf dem das Gebiß fehlt (daran gewöhn ich mich nie, mein Junge, nie im Leben; guck nur, wie ich mir beim Essen alles aufscheuere), und fast hätte er sie genommen und hochgehoben. Doch geht von dem Häuflein Mensch eine sanfte Mahnung aus, und er hört auf die Weisung dieser so nahen, feuchten, sanften, fast lebhaften Augen. Nun schaut er wieder auf die Möbel, an die er unzählige Male gedacht hat, den Tisch im Eßzimmer, ohne Tischtuch, mit den Rändern, die von einem Feuerchen abgesengt sind (oder vielleicht voller Hingabe angekohlt und von den Flammen beleckt) und der noch immer dort steht, von dem aus man unverändert auf die Laubbäume im Hof sieht. Und der unbemalte Blumentopf aus Ton mit seinen ewigen Melissenstengeln ist derselbe, steht wie eh und je unter dem Jugendbild des alten Antonio, auf einer der abgewetzten drei Säulen, die die Mauerbögen stützen. Und die anderen Möbel, jedes für sich gleichmütig ein Krüppel, immer wieder mit Draht zusammengeflickt, und dasselbe gesprungene, henkellose Steinguttäßchen auf derselben Konsole, auf der ich es vor zehn oder vierzehn oder zweihundert Jahren abgestellt habe. Alles im selben, fast auftrumpfenden Niedergang wie immer, so wie es in meiner Erinnerung war; scheinbar unberührt erwartete es mich, während es still und leise auseinanderfällt, in diesem Wohnzimmer, das noch da ist, das in einer Art tückischer, agressiver Gegenwart noch immer hier zu sein scheint. Und das ganze Haus in seiner ergreifenden Unwirtlichkeit will vor Scham vergehen, will seinen Kleiderschrank und seine mit toten Ameisen und Rissen überzogenen Wände, seinen Lehmfußboden verbergen oder mit einem Mantel bedecken, den Fußboden, der krumm und schief ist und Löcher hat, aus denen Eidechsen und Krebse hervorschauen und in die sie sich wieder verkriechen. Für einen Moment weichen sie zurück, die alte Frau und das Haus, entfernen sich, sind in einer anderen Zeit, an einem anderen Ort und verschanzen sich schließlich hinter ihrer Scham, weil sie nicht erkannt werden. Von mir. Und dabei kenne ich die Pflaumen, Guayaven und Kirschen nur allzugut, die in diesem Hof begossen werden, gleich neben dem Tümpel, den der Regen hinterläßt, zwischen den zwei Zitronenbäumen und dem Kirschbaum; und noch halte ich das halbtote Küken in der Hand – unser Lieblingsküken, das uns überallhin folgte und auf das meine Schwester deshalb, gedankenlos, an einem Nachmittag voller Zweige und aufgescheuchter Schatten, mit einem von Onkel Valerios Pantinen trat (es versuchte zu piepsen und preßte durch die Anstrengung seine kleinen Gedärme nur noch mehr heraus). Doch schon erkennen sie sich wieder, er und das Haus mit der Großmutter – sanfte Hüterin oder unbestechlicher, zahnloser Zerberus angesichts der Zerstörung, die bis in die letzte Ecke geht? Sie fragt ihn nach etwas, streichelt seine Arme, tätschelt ihn in ihrem drückenden Jammer, als versuche sie, seine Erfindung zu vollenden oder ihn aufzuwecken oder durch ihn sich selbst aufzuwecken, von ihm die ganze Nacht fortzuwischen und diese Ferne, die an ihm klebt, seit er fort ist, ein Einvernehmen zu finden zu etwas Drängendem, das sie beide brauchen und von dem sie doch beide nichts wissen. *Und er hörte sie, sie rief ihn, voller Trauer,* sie rief ihn ohne Unterlaß. Ferne, weite Ferne in der Stimme, die wie verloren war, wie Blätter in einem Windstoß, angefüllt mit ätzender Zeit, mit zäher Erinnerung, wie wenn sie von Schatten erdrückt herüberkäme. Traurig die Stimme, so unendlich traurig: »Junge, mein lieber Junge, komm.« Und er: »Ich komme ja schon, liebe alte Celia, ich komme.« Und der Mond schien so klar und hell. Mondlicht über friedvoll rauschenden Bäumen. Und er hörte von Hähnen reden, von Toten vielleicht oder vielleicht war es das Murmeln von Dächern, vielleicht waren es Zweige, die vom Mond sprachen. Und die Stimme, immer trauriger: »Junge, lieber Junge, komm«. Und er: »Ich komme schon, meine liebe alte Tayita, ich bin schon auf dem Weg, ich komme.« Als hielte ihn starke Beschäftigung zurück, eine Frage der Bindung vielleicht, des Bannes, oder der Versuch, sie nicht mehr hören zu müssen, sie, die schon immer ruft, die für immer ruft. So erschöpft die Stimme und zugleich, als riefe sie sich die Erschöpfung herbei. Und schließlich, schlapp, wie lustlos, schlich er müden Fußes zu ihr, machte sich auf zu ihr. Und mit seiner Beine Gang allein und nach vielem Suchen (er wühlte sich durch Pralinenschachteln und legte Wäsche parat, er nahm Abschied, entdeckte den Geruch nach Pferd, der sich in den Wänden eingenistet hatte, hatte stets etwas in Händen, schlug feuchte Zeitungen auseinander, in denen Leuchtkäfer waren) fand er sie, schien es, als würde er sie finden. Es war, als sei Celia dieselbe, obwohl sie eine andere war. Eine von Tränen zermürbte, könnte man meinen. Oder mit Glaswolle bezogen. Und es brannte um sie herum, immer brannte es. Damals mit Hochwürden, ein gutes Beispiel. Groß, rund, mit Augen wie Geschichte. Ein gemästeter Bischof, eßbar, köstlich, als sei er aus Mehl und Äpfeln gebacken. Scheinbar von einer Wolke getragen. In den Händen, auf blütenweißer Altarseide, ein prächtiges aufgeschlagenes Buch mit goldenen Beschlägen. Und in einem silbernen Kandelaber über dem Buch brannte tropfend die Altarkerze. Er hörte die goldbestickte Soutane schleppend über welke Blätter, über kleine Äste in dem riesigen Hof schleifen. Und Celia dahinter, ein paar Schritte hinter Hochwürden, hinter seinen brennenden Kerzen. Immer Hitze, Feuer, Unruhe und Pein, durch die Flammen. Und etwas Ungestümes und Keuchendes, Verborgenes, wie das Meer und die Erinnerung. Es kam von jenem Blau der Morgendämmerung, wenn der Mond nicht mehr ist und wo Bäume

stehen wie stellvertretend für den Mond oder die Lichter oder dieses
einzige Licht, das jetzt auf den vielen Kerzen in den Bischhofshänden
flackert. Oder jene Gelegenheit mit dem »Junge, mein lieber Junge,
komm noch einmal, noch einmal, lieber Gott im Himmel!« und er
wiederholte (in gleicher Schlaffheit, mit der gleichen vagen Angabe
von Beschäftigung, um sie warten zu lassen, um Zeit zu schinden)
»ich bin schon auf dem Weg, ich komme schon, ich bin fast da, liebe
alte Celia.« Und nach vielen Malen, weil er es nun endlich leid ist,
geht er auf das beharrliche Rufen und Klopfen ein, dieses Mal sieht er
sie nicht auf den Beinen, sondern als Bild, als reine, einsame Seele,
voller Glut, an die Wand geklebt. Und sie, verloren, sieht ihn nicht,
ihre Bewegung und ihr Gesicht haben die Stimme schon vergessen,
mit der sie nach ihm gerufen hatte. Und er versucht sogar, die Hand
auszustrecken und sie von dort fortzunehmen, so wie man ein Heili-
genbild abnimmt. Doch Celia war immer verschlossen, in einer Truhe
oder einer Rose ohne Wurzel, hinter einer Tür oder im lauen Abend-
wind, sie wußte, sie rief unermüdlich, ohne ihn erwachen zu lassen,
sie rief ihn. Und immer würde das Haus dort stehen, vor dem grol-
lenden Meer, das das Zwitschern der Vögel und Türklinken und Gua-
yaven verschlang, das nach schwärendem Jasmin roch und Salz rülp-
ste, das nach Celias Röcken roch, nach ihren Zöpfen und ihrem
Zahnfleisch, nach Seele und Malaria und nach Celias Falten. Braves
Mädchen, wie niedlich sie ist, die kleine Taya. Und noch ein Traum.
Nun von dem riesengroßen Bürgermeister (oder dem Riesen viel-
leicht, der sich mit den Zwergen schmückt?), der die Kopfbedeckung
eines schweigsamen Königs trug und den Stab des Einfaltspinsels Va-
lentin schwang. Und noch mehr Träume. Und Leichenfeiern. Und
Kinder, die mit Sägemehlpuppen unter rostigen Schaukeln tanzen.
Doch das Haus stand weiter dort, würde auch in Zukunft dort ste-
hen, mit Wunden an allen Enden. Mondhaus, Trauerhaus, Sorgen-
haus. Und er wußte, der Krebs würde nimmer müde werden, die
Brunnenwand hinaufzusteigen. Und wieder der Hof und der Wind
und schau, Tayita, die Sonnenmünze und wieder das Meer und wie-
der das Rufen nach ihm zwischen all den Fernen, in die er schweift
und den Feuern, und er erwacht nicht und wieder das Rufen nach
ihm. Und darauf zeigt sie, wie zur Entschuldigung, auf den Hund,
der ihn anschaut mit den Augen eines Wesens, das auf ein Streicheln

genauso gefaßt ist wie auf einen Fußtritt, und sie sagt: »Ja, mein Junge, das ist *Bandi*, wie mitgenommen er aussieht, nicht wahr?« Aber ist das möglich, Tayita. »Natürlich, lieber Junge, das ist derselbe *Bandi*, den du vor dem Biß des Aguti gerettet hast, erinnerst du dich jetzt?« Die Anstrengung ist groß. Sie hat zu tun mit Tränen und zurückgehaltenem Lachen, mit jugendfrischem Bellen im Gras unter Tamarinden, Honigäpfeln und Mangos und führt schließlich an jene kleine Mauer, wo in einem Loch der Zwerg mit dem großen Kopf wohnt und auf die sie sich schwangen, um den Mann zu sehen, der mit den Fliegen sprechen konnte. Und jetzt dieser lahme Köter, struppig und alt, übersät mit Eiterbeulen und Holzböcken. Es muß doch etwas getan werden, eine Kleinigkeit wenigstens, Herrgott im Himmel. Alles geht über in Verwesung, stirbt vor sich hin, rutscht einem aus den Händen, entzieht sich den Blicken, der Gegenwart, selbst der Erinnerung. Das Haus fällt auseinander, stirbt ab, Stück für Stück. Auch diese alte Frau und die Märchen, auch der geliebte alte Geschmack nach Baisers und Maniokbrot und nach Fintensauce mit Maiskuchen. Doch gerade ist Tante Julia aus dem Hof gekommen, wo sie die ewig herunterfallenden Blätter zusammengefegt hat. Ihr Gesicht ist schon gewaschen und gepudert, die harten, die unbesiegbaren Zähne fast ohne Zahnstein, und sie kaut auf ihrem unvermeidlichen Zitronenhölzchen herum; kuschligen Schlaf in ihrem ausgewaschenen lila Kleid (in diesem nahm sie, als sie noch in Blüte stand, als kaum etwas im Haus auf den Niedergang hindeutete, an der Beerdigung ihres Bruders Horacio teil und an der Hochzeit ihrer beiden Schwestern), und sogar das gleiche Handtuch um den Hals, das mit dem Rosenmuster (es sieht aus wie das Rosenmuster auf dem Nachttopf), es ist kaum zu glauben. Die Tante drückt ihn und schiebt ihn wieder von sich, betrachtet ihn langsam und voller Bedenken, bevor sie ihn wieder umarmt und ihm jenen Honigapfelgeruch verleiht (so nämlich versteht er es, nicht anders als eine Verleihung), jenen Geruch nach Honigapfel, er strömt aus ihrem dicken Haar, das die gleiche Farbe hat wie Wasser im Eisentopf. Es ist, als hätte sie einen noch größeren Kopf, und wenn sie lacht, scheint sie ganz aufgedunsen. Und nun bellt tatsächlich der Hund wie aus dem Hals des alten *Bandi*, des Enkels dessen, der unter den Guayavenbäumen begraben liegt. Und fast meint er, niemals fortgereist zu sein, sich nie von diesem Hof entfernt zu haben, meint, daß es weder den Dampfer gab, noch die unbarmherzigen Abschiede und nicht das Schulinternat und die fremden Straßen mit ihren noch fremderen Gesichtern, nicht das gegenseitige Vergessen und die unbeantworteten Briefe, nicht die in irgendwelchen Hurenhäusern ausgetauschten Beschimpfungen, nicht die begierige, ziellose Suche, und daß *Bandi* und er auf diesem Weg weitergehen, der willkürlich unterbrochen war, johlend und bellend bis zu dem Schutthaufen, auf dem sie nun wieder stehen, um den bärtigen Mann auf der anderen Seite der Wand zu sehen. Und in dieser jetzigen Erinnerung sieht er ihn, klarer als er ihn in einer möglichen oder ursprünglichen Wirklichkeit sah: Nur eine kaputte Hose hat er an, und er trägt einen Strohhut mit lädierter Krempe. Das zur Seite gewandte Gesicht über dem fetten Rumpf lächelte über den Schaukelstuhl. Seine irrsinnig blickenden Augen schauen ihn mit sanftmütigem Glanz an.

Es war der alte Franzose (ich hielt ihn an, wollte ihn grüßen, und er – sehr charmant, aber zu seinem Leidwesen vergeßlich, erkannte mich beim besten Willen nicht – unternahm allerlei Anstrengungen, wollte sich ungezwungen geben und mich aufhalten), der in einem der Verliese im Wall wohnte. Zwei Tage zuvor hatte er ihn am Portal des *Hotel Encanto* gesehen. Er versuchte, den Schwarm von Kindern wegzuscheuchen, schlug mit seinem Stock um sich und schrie dabei, was soll das bloß, daß man nicht einmal in aller Ruhe hier entlanglaufen kann, was soll das. Gehetzt drückte er sich an die Wand. Sie zerrten an seiner Tasche, mit fester Hand packten sie seinen Stock, es blieb ihm nichts anderes übrig, als wilde Tänze aufzuführen, das Gesicht zu verziehen und Unbedachtes zu sagen, das ihm plötzlich herausrutschte. Durch die Wand hielt er sich im Gleichgewicht. Er war in diesem Augenblick nichts als ein gefangenes Tier. Für einen Moment ließen sie ihn in Ruhe. Ängstlich, die Füße gegen den Boden stemmend, schien er Kräfte zu sammeln. Finster und mißtrauisch, sich fest an seinen Bart klammernd, blickte er um sich. Eine Mulattenschwuchtel, groß und stämmig, machte sich mit gezierten, lüsternen Pirouetten und verzogenem Mund über ihn lustig, stellte ihn unter ständigem Necken dem Pöbel zur Schau, gab ihn in seine Hände. Er suchte Zuflucht, Hilfe, irgend etwas. Meine Herrschaften, helfen Sie mir (er wandte sich ein paar unerbittlich lächelnden Gesichtern zu, die durch seinen Einspruch noch befremdet schienen), lassen Sie mich nicht allein, helfen Sie mir, helfen Sie mir bitte. Der Spott bekam neuen Auftrieb (ich wollte ihn noch einmal – vielleicht als ein Versuch, ihm zu helfen, oder als der Wunsch, ihn aus jenem Augenblick herauszureißen – so sehen, wie ich ihn kannte, mit seinem alten Korkhut und den Feldmessergamaschen, vor seiner Kiste, aus der er Bänder, Garnrollen, Stoffpuppen und Rechenpapier hervorholte; an dem Nachmittag, an dem er mir von seinem Enkelsohn in seinem Büro in Barranquilla vorgestellt wurde, um ihn herum Reißzeug, Kasserollen mit Pflanzenresten und Theodoliten. Wieder hörte er seine leise, eintönige Stimme, die ihm zu brechen drohte und die die mythenreiche Geschichte von Cedrón und Celias Haus in allen Einzelheiten erklärte), wurde zu einem Wirbelwind. Ein paar Schritte entfernt pfiff durchdringend ein Polizist, fuchtelte vor einem Auto unverständlich mit den Händen, wollte Einhalt gebieten. Die Grausamkeit erging sich in der Anonymität, war nicht auszumachen. Laßt mich in Ruhe, bei Gott, ich tue doch keinem etwas zuleide, was hab ich euch nur getan, achtet (vor gebieterischer Zurückweisung, vor vollblütigem Glauben an die Macht seines grauen Haares, an die Effizienz einer beschützenden Gerechtigkeit wurde das wie von einem Heiligenschein mit prachtvollem Patriarchenbart umkränzte Antlitz des alten Mannes für einen Augenblick mit Fug und Recht puterrot) achtet, wiederholte er ohne Sinn, in seiner Erstarrung isoliert und mit dem Stock auf den Bürgersteig schlagend, achtet. Er wußte nicht, wo er war noch was er sagte. Heftig und schnell stieß er ein paar französische Wörter hervor, preßte sich noch dichter an die Wand. Müde geworden, ließen sie ihn schließlich links liegen. Vielleicht, damit er ihnen nicht wegstürbe, um ihn sich ein andermal vorzunehmen, um ihn nicht zu sehr abzunutzen. Erschöpft, schuldbewußt, ging er in die nächste Kneipe. Er bat (er flehte) um Wasser. Der Indio hinter dem Tresen reichte ihm das Glas. Zitternd und hastig trank er es aus. Mit seinen trüben, verquollenen Augen, Augen eines Tieres, das für eine unerforschliche Treibjagd auserkoren schien, stierte er auf einen Punkt des Gläserschrankes. Ich hörte, wie er sagte (wie er mit lammfrommem Schrecken erkannte und wie er jenen Moment der Ruhepause genoß), für heute bin ich noch mal davongekommen.

Und wie aufdringlich wieder, diese wohlriechenden üblen Gerüche! Auch sie drängen sich zu ihm, umarmen ihn, streicheln ihn und befragen ihn, wie das Blinzeln der Sonne zwischen den Blättern, wie die alte Tante, wie der alte Hund, der ihm schon, zutraulich geworden, die Knie leckt, mit der Zunge über seine Hände fährt, ihn gar sacht in das Hosenbein beißt. Worte, jähe Messerstiche in der Zeit, Lilien, die ihr Leid klagen, sich unter Geigen- und Flötenspiel eines Balls mischen und sich darin verlieren, zwischen Bildern, die unauslöschlich sind und verblaßt; in denen Mädchen, die auf ihren Strohhüten papierne Gärten bestellen, ihn mit lautstarkem, ausgelassen verrücktem Vergnügen anschauen, an den Perlen ihrer Rosenkränze lutschende Nonnen, die ihre Kittel hoch über dem Bauch geschürzt haben, weil sie dem Teufel begegnet sind, der irgendwo hockte. Und ein Stück weiter vorn, fast zwischen ihnen und dem ungeschliffenen Luzifer steht der verhätschelte Onkel – seine schlanken Schenkel in die gestreifte Hose gezwängt, das Dandystöckchen schwenkend, mit dem Ernst eines jungen Mannes, der seinen Milchbart zur Schau stellt –, eine Heulsuse, bis er neun war, und der solange auch die Brust bekam, und, noch ein Stückchen dahinter, der frühreife Galan, Celias Goldstück, der auf der anderen Seite des Meeres in einem goldenen Palast lebt und doch weiterhin über den Lederläufer auf der Plaza geht und gehen wird, der Sonnenjunge mit seinem Tupfer von Gardenienduft, er schaut ihn an auf dem Bild in seinem einsamen, längst verblichenen Tod, schätzt ihn ab, schilt ihn aus und grüßt ihn doch. Aber der Hof, wie ist das möglich? Nun ja, mein Junge, dieses Gestrüpp immerzu, du weißt ja, es hilft nicht einmal, wenn man morgens den Nachttopf auskippt (Julia und die Großmutter gießen, in einer anderen Erinnerung, ihre angeschlagenen Nachttöpfe über den Besenginster- und Fuchsschwanzbüschen aus), nicht einmal das; wir haben beschlossen, ihn so zu lassen, was sollen wir machen, und das gleiche ist es mit den Ameisen. Und nun, am Grund des Brunnens, auf demselben Stein, der, der aus dem Wasser ragt, die unausbleiblichen beiden blauen Krebse. Und ich bin hier. Ja, auch ich, eingebunden in die Erinnerung an mich selbst in diesem Hof, ich fahre mit der Hand über das zarte Grün auf dem Brunnenrand, über die Einfassung aus Ziegelstein, glitschig vom Schleim der Geckos und Schlangen. Eine Lanzenotter hat Bertha gebissen, sie war unter diesem Stein (ich berühre ihn mit der Fußspitze) versteckt, auf den ich mich nun setzen werde. Die Schlange suchte im sommerlichen Glutofen nichts als ein bißchen Kühlung. Das erzählte uns Bertha viele Tage darauf, als sie, trotz all unserer Angst, wieder gesund wurde. Sie hatte nur gesehen, wie sich die Schlange blitzschnell aufrichtete (sie war nämlich daraufgetreten, und das ist das Schlimme, erklärte Cirilencio, der Neger, schulmeisterlich, mit seiner Autorität als Kräutermann keinen Widerspruch duldend, denn wenn man sie nicht berührt und nicht auf sie tritt, wenn sie eingerollt sind, greifen sie nicht an), und schon spürte sie den Stich in ihrem kleinen Finger. Beinahe unmerklich, als sei sie nur leicht von einem kleinen Zweig gestreift worden. Doch darauf, nur einen Moment später, die schwere Zunge. Sie versuchte, sich den beiden Frauen verständlich zu machen, ihnen, sie wußte selbst nicht was, zu erklären, die beiden Schwestern, die ganz rot geworden waren auf diesem Grenzpfad zum fragenden Grauen, von dem sie ergriffen waren, als sie im Schatten des Mangobaumes mit ihrem Fächeln aufhörten. Verständnislos sahen sie begierig auf das, was das gezwungenermaßen stumme Mädchen mit seinem Mienenspiel sagte. Unsere Taya kam herbeigelaufen, suchte und fand die Lanzenotter, erschlug sie mit einem Stock und schnitt ihr mit einer Schere die Eingeweide heraus. Darauf rieb sie ihr mit der Schlange die ganze Hand und ein Stück des Armes ab. Nachts, in Tante Julias Zimmer, jammerte Bertha und redete von einem schwarzen Mann mit einem mächtigen Schnurrbart aus Papier und Draht, mit dem sie in Pázez' altem Laster eine Fahrt in Richtung Sincelejo machen sollte.

Es riecht nach Lebewesen, nach dem Salz des Meeres, das sich mit der Feuchtigkeit in den Ecken abgelagert hat oder das, wenn es eingetrocknet ist, auf Metallringen und Türschlössern, auf Scharnieren und Nägeln eine Jodkruste hinterläßt. Es riecht nach dem Schweiß des Meeres, der sich in den Wänden festgesetzt hat und im Lehmfußboden, auf dem zahllose Familienmitglieder gehustet haben und geredet und ihr Fieber auskuriert, auf dem Tausende von Skorpionen, Schaben, Ameisen, Tausendfüßler und anderes Käfergetier ihren Kot hinterlassen, sich bekämpft und es miteinander getrieben haben. Es riecht nach ununterbrochenem Gebrauch und nach uraltem Regen, der von durstigen Sommern aufgesogen und darauf, wie ein tiefes und süßes Geheimnis, im Laubwerk der Tamarinden, in den blutfarbenen Punkten der Kirschbaumkronen und den Flügeln und dem Tirilieren der Amseln aufbewahrt wurde. Es riecht nach dieser Aufhäufung von feuchten Brisen, die den vertrautesten und einzig erinnerlichen Stoff einer verflossenen Zeit ausmachen, um dann zu Erde zu werden und sich zusammenzuballen in Materie, die einst Leben war: kleines Gewürm und Ästchen, ausgescharrt von Hühnern, die wiederum von Menschen verschlungen und verdaut worden waren, die seit langer Zeit in den Eingeweiden der Erde ruhen. Es riecht nach dem leichten, süßen, innig geliebten Schauder, der sich in das Entenzischen geflüchtet hatte, in Blechstücke oder krachtrockenes Holz, mit dem man auf Schildkröten herumkratzte, oder auch in spitze Messer, die unter Papier und Lappen vergraben lagen und längst im Kehricht einer Erinnerung voller Unrat gelandet sind.

Nun sitzt ihm die Großmutter auf ihrem Hocker gegenüber. Sie hat etwas von einem kleinen Tier, das beim Schlafen wiederkäut. Die Tante rackert in einer Hofecke herum, gießt oder steckt ihre Finger in die Erde eines Blumentopfes, räumt Dinge hin und her und führt dabei Selbstgespräche. Hartnäckig reibt sich die alte Frau ihre Hände, so als wolle sie sie herausziehen, noch vor, lange vor ihrer Knausrigkeit, den Jahren der Einsamkeit, dem Schmutz der Altersgebrechlichkeit. Sie ist stumm geworden. Nur noch schauen möchte sie, das Bild des Enkels immer wieder sehen, bis zur Erschöpfung, bis es ihr Greisinnenhirn aufgesogen und aufgelöst hat, es eingegangen ist in ihr langsames, fast stockendes Blut. Leiden, mehr nicht. Das ist das einzige. Das sagt sie mit den Falten ihrer Augenlider, das sagt sie mit ihrer hochgezogenen linken Schulter (auf die der Soldat ihr seinen Gewehrkolben geschlagen hatte, sie selbst erzählte es mir mehrmals, und auf die sie achtzehn, in dem Jahr, in dem Bertha und Mara heirateten, gefallen war, weil sie sich, ganz außer sich vor Wut, in den Schlingen der Tomatenstaude verfangen hatte), ohne die sie nicht sie wäre, das sagt sie mit dem Zucken in ihrem Gesicht, das ein

Lächeln sein will und von einer Falte zur anderen wie ein Ungeziefer über den Spalten eines Steines springt, es zieht sich auf die Stirn oder auf eine Wange und dort hält es, wie ein Flügel oder der Schaten einer Wolke, manchmal inne. Oder jetzt gerade, da sie aufhört, ihre Hände zu kneten und sie wegnimmt von ihren Knien, mit einer Geste müder Hingabe, untilgbar in ihrer Fälligkeit, die nicht einmal den Versuch unternimmt, sich unter dem Siegel (oder wenigstens der Vortäuschung) scheinbarer Verteidigung zu verstecken und die es auch nicht braucht. So lächelt sie einfach weiter, indem sie jenes zahnlose Loch auseinanderzieht. In ihrem Leid ist sie ganz welk und weit weg von sich, ohne jede Rückkehr. In dieser Art Auslöschungskreislauf oder gewaltloser Plünderung, die, im Gleichmaß zäher, tiefer, nach außen sichtbarer Qual von ihr ausgehend zu den sie umgebenden Dingen rinnt (die Wände, die sich von einem Augenblick zum anderen auflösen werden wie Altardecken voller Schwären oder die Möbel, die dem Gebrauch und Mißbrauch des Zugviehs ausgesetzt waren, oder die Balken, die unter dem Gewicht des niemals erneuerten Daches aus Palmenzweigen ächzen, oder die Bilder, die über den drei Bögen, die die Stube vom Eßzimmer trennen, aussehen wie fast bewegungslose Schmetterlinge, oder die Uhr, die über einem Stützpfosten eingeschlafen ist, mit ihren beiden Zeigern, die, als seien sie festgenagelt, eine einzige Uhrzeit anzeigen, und mit ihrer Kette, die herunterhängt wie Gedärm) und von den sie umgebenden Dingen zurück zu ihr. Etwas sehr Heiliges hat diese Wehrlosigkeit. Das Gleichmaß eines Hügels, auf dem einst ein Tempel stand, zu dem Jungfrauen und Kinder mit Lämmern über der Schulter hinaufpilgerten. Sie hat das Loch ihres Mundes geschlossen, hat erneut ihre Schulter hochgezogen, hat sich ihr Knie gerieben. An einer Wand des Eßzimmers, auf einer Brüstung, die in einem weit zurückliegenden Januar (so weit zurückliegend, daß er schon bloßes Blendwerk ist, daß es ihn eigentlich niemals gegeben hat) mit einer an Indigo erinnernde Farbe gestrichen wurde, flammen noch immer gesprungene Blumentöpfe mit Stiefmütterchen und Vergißmeinnicht. Flammen dort für niemanden. Allein, damit sie von diesem nach Meer riechenden Rauschen gewiegt werden, das wieder und wieder über das haarige Blattwerk leckt, mit hypnotisierendem Heulen immer dieselbe Stelle im Palmenwerk des Daches zaust.

Weil ich gern (es ist wirklich das, was ich auf dieser Welt am liebsten möchte) hier leben und sterben möchte. In Cedrón, unter seinen Bäumen. In seinen Stunden, die nicht im Maß der Zeit, sondern im Rhythmus des Meeres wechseln. In Cedrón, wo die Brise so sanft ist und wo die Nächte so dickflüssig riechen, so nach Tier, nach Frau, die lange und kräftig mit Wespen abgerieben wurde und mit Jasmin. Morgens, wenn die Feuchtigkeit auf den Blättern der Malven und der Mandelbäume zu Tau wird, die Rufe der Fisch- und Maisbrotverkäuferinnen zu hören sind, und du stellst dich an die Tür und siehst ihnen nach. Sie laufen dahin in einer so leichten, blauen Luft, daß man die letzte Erinnerung eines Sterbenden zu sehen meint. Sie laufen dahin, wenn man sie sehen könnte. Verwahrerinnen alter Weisheiten, alter Hoffnungen. Die Tabletts auf ihren Köpfen, schreiten sie mit einer Anmut einher, die, nachdem sie all ihr Feuer in die Füße gesandt hat, durch die Hüften wirbelt, über den Hals hinaufsteigt, sich an ihre Wangen, auf die Knochen heftet und in ihren Augen ein stolzes Geheimnis erglühen läßt. Wenn man sie sehen könnte, ich sage es dir noch einmal, denn man muß sie laufen sehen. Verstehst du, denn den Körper von einer Seite zur anderen zu bewegen, ihn einfach nur dorthin zu bewegen, ist eine hohe Kunst, die nicht vergessen ist, durch sie, weil es sie gibt, um sie auszuüben. Und die Kinder, die vor den Wellen fortspringen und plötzlich nachdenklich stehenbleiben, den Tag inmitten des Schaumes stöhnen hören, oder die sich, geführt von ihrer in sich gekehrten Gemächlichkeit, zuweilen nach Tang und den nach einem Plan vom Meer geformten Steinchen (diese Geheimschriften oder Figürchen aus abgründigen Königsreichen) bücken. Vielleicht wird dir einige Male das Geschenk zuteil, die Männer sich versammeln zu sehen, die, geadelt von einem unwirklichen Schein, schweigend in ihren Booten vom Fischfang heimrudern (in solchem Moment sind sie keine gewöhnlichen alltäglichen Männer. Sie gehören dann der Leichtigkeit des Meeres an, seiner kraftvollen Stärke, der von ihm kommenden Angst und seinem Sturmwind). Und die alte Frau, die ein paar Schritte von dir entfernt in der Ofenglut stochert, damit die Yuccastücke, die grüne Banane oder der Fisch schön rauchig werden, und sie schaut dankbar (denn sie weiß, diese Gelegenheit, Teil des Friedens zu sein, in dessen Betrachtung sie sich versenkt und den sie selbst hervorzubringen hilft, ist etwas, das ihr im besonderen und unter Schmerzen zugestanden worden ist) zur Nachbarin, die singend die Brüstung fegt. Und zu den weißen Häusern mit ihren blauen Sockeln; zwischen Laubkakteen und Zedern erzittern sie um die Mittagsstunde, so sanft und furios wie eine Taubenschar, die sich gerade in die Luft erhebt.

Und in dieser Erinnerung sind die Pferdewetten in San Juan, wenn die Pferde durch die Hauptstraße jagen und die Zureiter dabei schreien, einander in den Armen liegend oder in den Sätteln stehend oder ihre Hanfhüte in die Luft werfend. Und in seinem Haus mit dem goldenen Palmendach sitzt zwischen seinen Krähehähnen der kleine Iriarte und malt Schiffe, die vor vielen, unzählig vielen Jahren gestorben waren – die Sinú, die Damaskus, die Weiße Taube, – mit Lampen, die am hellerlichten Tag angezündet waren und phantasmagorischen Seeleuten, die über Wellen, Saphirschnüren gleich, zu uns herüberschauten. Und Don Mariano de Lavalle, der beim Erzählen mit seinen Aristokratenhänden fuchtelte. Seine blauen Augen, die zugleich von Bindehautentzündung und lebhafter Erinnerung gerötet waren, wenn er erzählte, wie man in seinen Jugendjahren Santiago feierte, »das schöne Santiagofest«, wie er erklärend hinzufügte. Als alles, was unter seinen Freunden, adrette Kavaliere auf ihren tänzelnden Füchsen, Rang und Namen hatte, durch die Straßen ritt, die Wurfspieße in die Steigbügel geklemmt. Sie ritten dann hinter die Umzäunung und richteten ihre Lanzen, jeder für sich, auf die stolzesten Exemplare unter den Stieren, die aus der ganzen Gegend zusammengesucht waren. Und sie waren wirkliche Stierkämpfer, taten sich hervor in unvergessenen Turnieren. »Ohne den Pöbel, der sich heute hier drängt«, klagte Don Mariano mit verächtlicher hochherrschaftlicher Würde, »und sich nicht regt noch rührt und nichts zu ästimieren weiß, das einzige, was er hinter der Absperrung kann, ist stören«. Und Celia sagt zu Don Jorge Navarro: »*Schau, mein Sohn, tu dieser alten Frau den Gefallen*«, und sie hält ihm ihr Kännchen hin, damit er ihr für fünf Centavos Milch kauft. Seinen Stock in der Linken und in der Rechten das Kännchen, tritt Don Jorge, mit seinen fünfzig Lenzen ein vornehmer Herr von schöner Gestalt, ein rechtes Prachtexemplar von Bürgermeister und mit stolzgeschwellter Brust, zu einer solch ungewöhnlichen Aufgabe auserkoren zu sein, am Morgen achtlos auf das glitzernde Geschmeide, das der Tau auf dem

Gras der Plaza zurückgelassen hat, und er kommt zurück mit der Milch für fünf Centavos wie ein braves Kind, frischvergnügt, so, gewiß, fühlt er sich bei seiner mit aller Galanterie ausgeführten Arbeit, Celia zu Diensten zu sein, der dankbaren, irgendwie bekümmerten alten Frau mit dem hängenden Kopf über dem geblümten Kleid: »*Es ist mir eine Ehre, einer so edlen Señora dienen zu dürfen.*« Um darauf in seine Amtsstube hinaufzugehen, mit der gleichen Eleganz, mit der gleichen Stattlichkeit beinahe wie auf jenem Bild in der Wohnstube seines Hauses, wo die Zeit auf seinem Haar und auf seiner Krawatte, auf seinen zwanzig Jahren stehengeblieben war, und er denkt dabei: Es wird nicht mehr lange dauern, und das alte Mädchen ist für immer von uns gegangen, diesen Gefallen also habe ich ihrem Leichnam getan.

So geschehen in Cedrón, wo die Stunden gemächlich vergehen. Wo die Männer aus den Bergen anlangten, aus ihren Lastwagen stiegen, die vollgeladen waren mit Tand und Schund, alle Höfe am ufer kauften (an dem ein paar Engel aus Purpur und Alaun herumgeisterten, die die Augen der Kinder zum Glänzen brachten, die das Rufen der Käuzchen zarter werden ließen und die den Lidschlag von Akazie und Tamarinde mit großer nächtlicher Fürsorge erfüllten), und sie stopften ihre nagelneuen Landsitze voll mit fremdländischen Gerüchen, Tönen und fremdem Geschmack und mit elektrischen Gerätschaften, und die Alteingesessenen – auf ihren Hockern sitzend, mit fauligen Zähnen und den Nieren, die krank waren vom unaufhörlichen Kommen und Gehen des salzigen Windes – erkundigten sich am Abend in hilfloser Unschuld vor ihren Häusern, auch diese zerfressen wie ihre Knochen und ihre Träume, und sie zeigten auf den plötzlichen Aufschwung dieses Medellín Beach, in das ihre unter Preis verkauften Gehöfte sich verwandelten. *Und was hältst du vom Fortschritt in Cedrón, Junge?* Und den Nachmittag zu sehen, am anderen Ende der Welt, der wie ein Riesenschmetterling in den letzten Zuckungen lag. Und das Brüllen der Stiere zu hören (dieses Gemisch aus lieblich Röhrendem und wild Seufzendem), die von Coveñas herkommen oder dorthin getrieben werden. Und die kleine Narza zu sehen, wie sie in einem Schaukelstuhl auf der Terrasse ihres Hotels sitzt und alles Licht der Dämmerung in ihren Brillengläsern zusammenfließt, während hinten im Hof, gegenüber der Küche, ein froh singendes Negermädchen ein frischgerupftes Huhn streichelt, und auch das Huhn scheint sehr froh, daß es geschlachtet wurde und daß man es nun, nachdem es gerupft ist, zu einem Lied streichelt. Und alle sind wir sehr froh, dort, in der Ferne, im Cedrón meiner Träume, zu wohnen, wo ich forthin wohnen und wo ich sterben werde und wo ich auch noch wohnen werde, wenn ich schon längst gestorben bin und nimmermehr lebe.

Und wieder geht er über den Bürgersteig des Ortes, und er hat den Eindruck, das Gebäude sei geschrumpft und gebeugt, als hätte sich sein Schritt verkürzt und es müßte sich auf einen Stock stützen. Es war früher so hoch, reichte fast bis an die Wolken, der Balkon, über den sich der Bürgermeister lehnte, zweimal am Morgen und einmal am Nachmittag, wenn selbst die Sonne schon den Abend verriet, Antlitz und Gewand in die Purpurtinte der Akazien getaucht. Und wieder die ewigen, immer ausgehungerten Esel zu sehen (aber eigentlich weiß ich nicht, ob ich sie sehe, ich ahne sie und beschwöre sie in diesem Augenblick), Brüder in Ergebung und Leid von Canutos blindem Esel, die unbeirrbar das ganze Gras der Plaza abweiden wollen. Oder jene fatale Ecke auf eben dieser Plaza (hier stand das Haus mit den smaragdschnürenvergitterten Fenstern, und in seinem Hof das Mädchen, das Nacht für Nacht von einem unbekannten Ort träumte mit Ecken und Straßen, die an Cedrón erinnerten, und das aus Don Olifantes Oñates Zisterne den Finger Gottes herausragen sah, blutgefärbt, das Licht durchschneidend, zeigte er auf sie, auf sie ganz allein – wollte er ihr eine marternde Entdeckung machen oder sie vernichtend verhöhnen? – unter allen Geschöpfen der Welt), wo sich heute in all der Anmaßung seiner fünf Betonsäulen ein unseliger Bau erhebt wie ein unanständiges Wort. Und der Morgen, von grellscheinendem Licht nun, der sich alle Mühe gibt, die Armseligkeit des Dorfes aufzudecken. Als er des Kirchturms ansichtig wird, erschüttert ihn (erschüttert mich von neuem) sein unergründliches Erbarmen mit allem und jedem, wie er sich, als wären es Krücken, auf die beiden Mandelbäume stützt, und wie er sich mühsam über die Dächer erhebt, um von seinem staubbedeckten Gesims Kunde zu geben von etwas Verborgenem, Unbekanntem, vielleicht Besserem. Das ist die Rückkehr. Ein Ort, der sein ist für immer, nach Pferdeschweiß riechend und Phosphor, nach Maniokbrot und Oreganum, nach Taubenmagen, nach Jod von verrosteten Nägeln im Unrat. Später (diesen Morgen oder diesen Nachmittag oder den nächsten Morgen) kommt jemand im Wirtshaus auf ihn zu und berührt ihn unsicher, fast schüchtern am Ärmel, und er grüßt zurück, ohne zu wissen, forscht in den Augen des Wirtes (die auch in den seinen forschen). Sie sehen rot aus, durch die Last, durch die Heftigkeit des Blutes, die herrührt von einem das ganze Dorf, vielleicht die ganze Menschheit umfassenden Geheimnis. Und auch der Wirt – der sich über den Tresen beugt und die Scharniere zum Ächzen bringt mit all seiner vom Geheimnis aufgeschwemmten Fettleibigkeit, mit all dem sanftmütigen Entsetzen seiner Augen, die dem Druck ausgesetzt, gequält sind von diesem Geheimnis, das sich nicht mitteilen läßt – hat ihn gefragt: »Und was hältst du vom Fortschritt in Cedrón?«

Juan Gustavo Cobo Borda
Was heißt, ich liebe dich
oder Eine poetisch-phänomenologische
Annäherung an den Bolero

Für L. M., verschwiegen wie der Bolero.

Ich liebe Boleros. Ein solches Bekenntnis in Zeiten, in denen die Teenager für John Travolta schwärmen, ist eindeutig ein Zeichen von Alter. Doch wenn ich mich auf der einen Seite als einen glühenden Verehrer der Moderne betrachte – die Dichter sollten einen Renault 6 fahren und die funktionelle Schönheit der Supermärkte besingen –, so schaut doch der Reaktionär in mir in die Vergangenheit und sehnt sich nach den glücklichen Zeiten zurück, in denen Männer und Frauen mit Musik litten: »Lieben heißt, den Verstand in den Duft des verlorenen Gartens Eden zu hüllen«.

Bei der Liebe, wie auch bei anderen lebenswichtigen Dingen, hilft keine Ideologie. Schlimmer noch, dieses Laster – »das Laster, dich zu lieben, beherrscht mich« – entbehrt jeglichen logischen Arsenals, das es abstützt. Ich jedenfalls kann nur eine schrankenlose Begeisterung empfinden und, noch gewagter, eine hundertprozentige Treue. Was Liebe mit Blindheit zu schaffen hat, ist hinlänglich bekannt, aber sich nach »einer unvergänglichen Nacht« zurückzusehnen, ist zweifellos mehr als eine Übertreibung. Der Bolero handelt glücklicherweise davon.

Hinzu kommt, daß der Bolero für jemanden, der äußerst stolz darauf ist, alles zu ignorieren, was mit dem zeitgenössischen Theater zu tun hat, die herrlichste Form des Weiterlebens der griechischen Tragödie darstellt. Im Bolero steuern die Menschen geradewegs auf ihr Unglück zu, lassen sich von heftigeren Gefühlen, als die Vernunft er zuläßt, hinreißen. Fatalität und Niederlagen beherrschen die Szenerie, die dunkle Botschaft des Bluts, entblößte Herzen, die nicht fürchten, die Götter in ihre Schranken zu weisen. Oft kommt der Zufall zu Hilfe, um das Schicksal mit einem Schlag zu besiegeln. »Wir, die wir abgöttisch uns lieben, müssen uns jetzt doch trennen.« Erst durch die Lieder der Panchos habe ich verstanden, was abstrakte Philosophieprofessoren/innen in zahllosen langweiligen Vorlesungen vergeblich zu erklären versucht haben, nämlich was *ananké*, wie es die Griechen, und *fatum*, wie es die Lateiner nennen, bedeutet. »Frag mich nichts mehr, mein Leben hat erst begonnen, als ich dich sah.« Das ist der springende Punkt: Man hört nicht Boleros, wenn man verliebt ist, sondern verliebt sich, wenn man Boleros hört.

Der Bolero verweist wie jedes große Kunstwerk nur auf sich selbst. Er ist kein Ersatz für unsere sprachlichen Unzulänglichkeiten, obwohl wir alle unseren Grundwortschatz in seiner Schule gelernt haben. Seine Wirkung ist so umwerfend, daß jede Regung eines eigenen Willens vergeht. »Wie zum Teufel nur bin ich ihm verfallen«, fragt sich verwirrt Amalita Mendoza in einem Lied von Cuco Sánchez, und die Bestürzung in ihrer Frage ist die gleiche, die wir alle empfinden, die in seinen Netzen gefangen sind. Der Bolero – tyrannischer König – kommt und siegt. Da gilt keine Chronologie, und doch habe ich aufgrund einer Art professioneller Deformation berühmte Vorläufer entdeckt, die auf Rubén Darío zurückgehen: »In deinen himmlischen Versprechen / war nicht die Rede von Schmerzen / in deinen leuchtend bunten Blumen / zeigtest du mir keine Dornen« und bis zum besten Gedicht von Héctor Rojas Herazo reichen, das er nicht von ungefähr »Zweite Auferstehung von Agustín Lara« betitelt hat.

Hier sind seine Augen die »eines betäubten Pharaonen«, seine grauen Haare die eines fahrenden Sängers mit Aktentasche, er beschreibt, wie er »das Kabarett betrat und die Ehebrecherin suchte«. Aber »da sie sich ihm nicht zu Füßen warf, / wie es ihre Pflicht gewesen / und er und alle Zeugen es erwarteten, / setzte er sich ans Klavier« und segnete alles Leben auf Erden, indem er vielleicht sang: »der Lebensüberdruß gleicht einem Pfau, der gelangweilt stolziert im Licht des sinkenden Tages«, um uns derart in den Genuß »eines neuen, prächtigen Leidens« zu versetzen.

Alle Anhänger des Bolero verfallen ihm auf die gleiche Art und Weise: ohne jede Vorsicht und bar aller Gewissensbisse. Glücklich zu leiden. Die Psychiater können in ihrer Ahnungslosigkeit gut von Frustration und Masochismus reden. Die Soziologen – nicht umsonst sagte Nicolás Gómez Dávila: »Die Soziologie schützt den Soziologen vor jedem Kontakt mit der Realität« – haben ebenfalls die Erklärungen bemüht, die zu erwarten waren: Der Bolerosänger verherrlicht das Laster und rühmt die Boheme, womit die leichtlebigen Frauen zur notwendigen Kehrseite des geradlinigen Lebens und der nationalen Integration werden. Doch haben meines Wissens weder Psychiater noch Soziologen die Unsterblichkeit erlangt, jene Unsterblichkeit eines Roberto Ledesma, eines Daniel Santos, eines Armando Manzanero, auch einer María Luisa Landin, und, nicht zu vergessen, der Tres Diamantes.

Es ist bewiesen, der Bolero ist in seiner Substanz unzerstörbar. Wenn er so viel kitschiges Wortgeflüster, so zudringliche Bewerber, so jämmerliche Besäufnisse überstanden hat, kann ihn wohl schwerlich noch irgend etwas treffen. Heutzutage, da wir Bill Haley und seine Kometen, den Twist, den Bossa Nova – ich fahre nicht fort, um nicht mein Alter zu verraten – hinter uns gebracht haben, bleibt nur der Trost, daß in diesem Meer von Belanglosigkeiten noch ein Inselchen rigoroser Hingabe übrigbleibt, wo wir mit Nöten, die musikalisch beben, im Strudel der Fatalität versinken. Wo die Frauen verführerische und leidenschaftliche Träumerinnen sind und wir neue Sünden erfinden, »um sie mit dir zum erstemal auszuprobieren«. Wo wir sie anflehen, uns eine Ewigkeit zu belügen. Schließlich und endlich ist die Glückseligkeit nicht im Himmel zu suchen, »die Glückseligkeit bist du«.

»Unheilvolles Schicksal, das mir vorgeschrieben war, als ich zur Welt kam«, singt Celio González in einem Bolero, der nicht umsonst *Flüchtige Chimäre* heißt. Der abgeklärte Hochmut, mit dem man den Preis des Bolero auf sich nehmen muß, ist ein weiterer Beweis seiner vielfältigen Bedeutung: In ihm wohnen die eingestandene Arroganz des verletzten Mannes und der gekränkte Stolz, das schamlose Selbstmitleid und die selbstmörderische Verzweiflung, das Elend eines jeden Tags, aber auch – was sollen wir machen – die ewigen Küsse und das, was man nur DAS GLÜCK nennen kann. Es handelt sich nicht um einen neuen Glauben, der Missionare (lies: Werbeagenturen) braucht. Es handelt sich um eine solide gebaute Kirche, die die Gläubigen regelmäßig besuchen. Der Bolero muß nicht überzeugen, und auch nur die leiseste proselytische Absicht, die jemand vielleicht auf diesen Seiten herauslesen will, ist, *ipso facto*, ausgeschlossen.

Der Bolero lebt weiter, nicht vorherzusehen, wie ein Wunder. Ich habe ihn auf einer Hühnerfarm in Ohio, USA, gehört. Auf einem Bootssteg am Ufer des Großen Sees von Nicaragua. Im ödesten Winkel der venezolanischen Erdölgegend, in Cabimas. Ich habe ihn auf einigen Seiten des Romans von Guillermo Cabrera Infantes, *Drei traurige Tiger*, vernommen und auf vielen Seiten von Gabriel García Márquez. Aufgrund dieser über alle nationalen Grenzen hinausreichenden Gegenwärtigkeit sehe ich nicht ein, warum der Tag der Sprache mit einschläfernden Reden gefeiert werden muß. Nur in der Sprache des Bolero, will sagen der Poesie, kann überhaupt versucht werden, das, was er im Leben eines jeden von uns bedeutet hat, wiederzugeben, und auch das nur als schwacher Abglanz. In meinem Leben war er grundlegend. In dem anderer Menschen war sein Einfluß zweifellos noch einschneidender. Schauen wir uns zum Beispiel einen Brief an, der am 28. August im Leserinnenbriefkasten der Zeitung *El Tiempo* unter der Überschrift »Alles für einen Bolero« erschien. »Eine *unbesonnene Verlobte* schreibt: Ich hatte beschlossen, ein Fest als Vorgeschmack auf meine Hochzeit zu feiern. Logisch, daß mein Verlobter da war, seine Eltern, meine und ein auserlesener Freundeskreis. Da ich keine schriftlichen Einladungen verschickte, hatte ich die Idee, einen früheren Verlobten von mir, der über mein jetziges Leben nicht mehr auf dem laufenden war, einzuladen. Er kam auch wirklich, und ohne daß ich es richtig merkte, war mein erster Irrtum, bei der Begrüßung offen meine riesige Freude zu zeigen. Ich umarmte ihn überschwenglich. Er kam praktisch als letzter und war ganz überrascht, als er so viele Gäste sah. Der Anlaß zur Feier? fragte er. Und wenn er gut ist, bitte Whisky. So scherzten wir eine Weile. Er setzte sich zu einer Gruppe ihm bekannter Personen, wir bewirteten sie zur allgemeinen Zufriedenheit, als es plötzlich schon Morgen war und ich ihn fragte: Tanzt du nicht? Er sagte, selbstverständlich, aber nur einen Bolero mit dir. Und da geschah es, daß er mir beim Tanzen einen Erinnerungskuß wie in alten Zeiten gab und ich mich vor allen und natürlich auch vor meinem Verlobten verriet. Wir vergaßen sekundenlang alles um uns herum, Sekunden, die unser Leben veränderten. Ich verlor meinen Verlobten, und wir flohen nach Panama, um zu heiraten. Heute haben wir eine, wie er sagt, berauschende Hochzeitsnacht verbracht, aber daß wir uns danebenbenommen haben, daran gibt's nichts zu rütteln. Lassen wir es so, wie es ist, und trennen wir uns wieder. Darum bin ich jetzt am Rande des Wahnsinns.«

»Frau: bei all deinem Geld flößt du Mitleid mir ein
denn du lebst ein Leben ohne Gott noch Moral.«

Die Frage drängt sich auf, wieso immer noch der Bolero? Der Bolero, der das Kampflied der Frauen war, die sich heute ihre Haut liften lassen, hat seine Gültigkeit immer noch nicht verloren? Der Bolero, der die *ars amandi* des lateinamerikanischen Kontinents war, eines zweitrangigen, entbehrlichen, ausgeraubten Kontinents, klingt immer noch in den Herzen trotz Violeta Parra, trotz Salsa und jamaikanischem Reggae? Diese Musik, durch die sich eine atavistische Sprachlosigkeit, eine stammelnde Zärtlichkeit, ein grassierender Analphabetismus und eine Unterentwicklung der Gefühle ausdrückte, ist immer noch fähig, die verborgensten Saiten anzurühren? Nach obigem Brief zu urteilen, offensichtlich ja. Und da nichts anderes übrigbleibt, als ein für allemal zu unserer zugegebenermaßen vorhandenen Unreife, unserer postulierten Marginalität, unserem immer offenkundigeren Anachronismus und vor allem unserem unbegrenzten schlechten Geschmack zu stehen, ist es keineswegs überflüssig, wieder einmal über den Bolero nachzudenken. Diesmal aus einer phänomenologischen Sicht, d.h., jeden seiner Bestandteile genau zu untersuchen.

»Du warst stets der Grund meines Seins.
Dich zu lieben war meine Religion.«

»Lied der Liebe und des Verzichts« definiert ihn Agustín Lara in *Tropischer Pfad*. Und Tito Catalino Curent Alonso, der populäre Guaracha-Komponist aus Puerto Rico, charakterisierte ihn als einen »langsamen, sanften Rhythmus, bei dem sich die Tänzer enger denn je umschlungen halten«.

»Sie erfüllen mein Leben / mit süßen unruhigen Gefühlen / und bitteren Enttäuschungen« – in diesem Bolero von Ruiz y Zorilla, *Sie*, haben wir eine gute Synthese der aufwühlenden Wirkung solcher Lieder. Die Atmosphäre herzzerreißender Gefühle verschmilzt die beiden Elemente zu einem poetischen Tremolo, das uns genau in die Gefühlslage versetzt, die wir beschreiben wollen: das Stadium der großen Leidenschaft.

»Wenn ich bedenke, du warst die Flamme meines Lebens.«

An erster Stelle steht natürlich DIE FRAU. »Eine Frau, die nicht zu lieben versteht, / verdient nicht, Frau genannt zu werden« heißt es im Bolero von Paul Misrachi. Ein weiterer Protagonist des Bolero ist, zweifellos viel unbedeutender als DIE FRAU, nämlich der Mann. Sein Archetyp ist vielleicht »Luis Enrique der Plebejer / Sohn aus dem Volke, / der zu lieben verstand / und jetzt zutiefst leidet«, wie ihn das Lied von Emilio Galvez beschreibt.

Er ist der gleiche, der im Bolero *Seele einer Frau* von M. Valdespi die Frau mit »der Seele eines Kindes« liebt, und der bei José Alfredo Jiménez in *Wenn du erst mit mir zusammenlebst* mit »schlohweißem Haar« ein Gefühl von »Jugend aus seiner Vergangenheit« spürt und sich erneut in den Strudel entfesselter Leidenschaften stürzt. Wie man sieht, respektiert der Bolero keine Zeitenfolge: mit kindlicher Seele und weißem Haar tut er seinen Minnedienst.

»Bin ich mit dir, vertausch ich den Ruhm
durch das große Glück, Teil deines Lebens zu sein.«

Dieses unweigerlich pathetische Wesen stellt die Schlüsselfrage: Warum hast du mich verlassen, welche Hindernisse stellten sich unserer Liebe in den Weg? Manche mögen mit Geld zu tun haben, andere sind verborgen und rätselhaft. Das führt dazu, daß der Bolero zwei auf den ersten Blick unvereinbare Adern ausschöpft: den Polizeibericht und die romantische Verzückung.

Die erste Ader, die auch ins Protestlied einfließen kann, hat zum immer gleichen Schauplatz die Kneipe (die Bar ist nur eine weitere Form nordamerikanischer Überfremdung). Hier werden unweigerlich Boleros gehört, vertreiben sich Animiermädchen ihre Zeit und befolgt eine einsame Seele die Anweisungen des unvergleichlichen Johnny Albino in *Trink wie ich*: Er versucht, seinen Liebeskummer in Alkohol zu ertränken, sein – wie fast immer – durch Verrat gebrochenes Herz zu trösten. César Arboleda gibt uns in seinem Bolero, *Herr Rechtsanwalt*, ein gutes Beispiel, wie so etwas passiert: Durch eine unvorhergesehene Veränderung in seiner Arbeitszeit kommt der Betroffene früher nach Hause. »Was ich gesehen habe ... ich kann es nicht beschreiben. / Sie betrog mich mit einem anderen Liebhaber / voller Verzweiflung / suchte ich im Kleiderschrank / nach einer Feuerwaffe / und streckte sie nieder.«

Der lakonische Ton, mit dem dieses Lied endet – »Ich will keine Verteidigung, ich will lieber sterben« – sichert die Fruchtbarkeit dieser lyrischen Ader, die von Leo Marini bis Chucho Avellanet ein gut Teil unseres dichterischen Olymps bevölkert.

»Ich spüre, daß deine Küsse
in mir nisten
wie kleine Täubchen,
Sendboten des Lichts.«

Die andere Ader ist näher mit der deutschen Romantik verwandt: magische Begegnungen und rätselhafte Trennungen. Der beliebteste Schauplatz ist das Meer. Es überschwemmt die mondhafte Blässe der Gemüter, die sich nach Jahrhunderten wiederbegegnen und sich dennoch wiedererkennen. »Tränen des Mondes in der Nacht ohne Küsse meiner Enttäuschung. / Trunkenes Lied der Bitterkeit, das vom Meer her leise rauscht«, besingt der Bolero von Julio Gutiérrez. *Meine Nächte ohne dich* von María Teresa Márquez und Demetrio Ortiz benennt es noch deutlicher: »Mein Herz in der Dunkelheit sucht dich verzweifelt, / ich bete deinen Namen, daß du zurückkommst, / denn ohne dich bescheint keine Sonne meine Tage / und findet mich das Morgengrauen in Tränen über meine Nächte ohne dich.«

Das Meer, der Mond, das Paar, das sich trifft und sich trennt: »Die ganze Welt ist Zeuge meiner Raserei«, klagt *Besessenheit* von Pedro Flóres. Und wenn auch die ganze Welt auf die Liebenden schaut, die, so sagt es Borges, »zusammenkommen, auseinandergehen und in romantische Agonie verfallen«, so kann sie auch als indiskreter Zeuge einen radikalen Verweis erhalten. So im Bolero von Gustavo Prado, *Geheime Liebe*: »Was schert uns die Welt / wenn Gott, der Mond und das Meer es wissen. / Ein Blick genügte und wir verstanden, / ein Blick genügte und wir liebten uns.«

Das sind in Umrissen die Protagonisten des Dramas im Bolero: DIE FRAU, der Mann, Gott, der Mond und das Meer, und, was José Ortega y Gasset seine Situation nannte: ein Blick. Ein Blick, der die Handlung auslösen wird.

»Wenn das skandalös sein soll,
dann ist nicht zu lieben noch schändlicher.«

Die Handlung kann auch nur angedeutet werden: »Leise nähertest du dich / wie die Versuchung / und ließest erzittern / mein

Herz«, wie im Bolero von Frank Domínguez, *Du hast mich daran gewöhnt*. In anderen drückt der Mann kurz und bündig aus, was ihm geschehen ist: »In knappen Worten sag ich dir alles über mich und diese Worte sind: du gefällst mir sehr« (*Ohne Worte* von Osvaldo Ferrés). Diese Situation, die so viel an auf Wolken schwebender Verliebtheit und rauschhafter Verzückung besitzt, bei der wir nie recht wissen, ob wir uns im Traum oder im Wachzustand befinden – »ich steh vom Bett auf und beug mich aus dem Fenster« singt Celia Cruz in *Schlaflos vor Liebe* –, überschattet mit ihrer Patina des gerade eroberten siebten Himmels das spätere Schicksal des Paares.

Gespielte Koketterie: »der Kuß, den du mir nicht gabst, / kannst du mir heute nicht mehr geben« in *Wenn ich zu dir zurückkomme* von María Grever; Versprechungen, die über die pädagogische Unterweisung hinausgehen können: »Du wirst schon sehen, was du lernen wirst, / wenn du erst mit mir zusammenlebst«, im gleichnamigen Lied von José Alfredo Jiménez; bis zur schon technischen Verwünschung, die Roberto Cantoral erhaben ausstößt: »Uhr, schlag nicht mehr die Stunden.«

»Ohne Liebe ist das Leben kein Leben.«

Wenn die Umstände der Begegnung klar sind, können Körper und Herzen verschmelzen. »Weißer Diwan aus Tüll«, sagt Agustín Lara, der große Meister, »empfängt die wunderbare Hingabe einer Frau«. Oder, in einer bemerkenswerten erotisch-religiösen Synthese bei Gabriel Ruiz und López Méndez: »Zu wissen, daß meine Küsse / bei dir verblieben, / sie drückten auf deine Lippen / das Zeichen des Kreuzes«. Womit die Sünde, mag sie auch noch so sündhaft sein, einen Anschein von Erlösung erhält. Und wenn es auch in materialistischer Übertreibung heißen mag: »Ich besaß deine Hände / und deinen Mund / und dein Haar / und die reine Wärme, / in die du mich hülltest« (Agustín Lara, *Mit Tränen aus Blut*), so kann man sich auch, wie im Bolero von Lindomar Castillo, über den Überdruß des Ehelebens auslassen: »Wir müssen noch im gleichen Haus wohnen, / aber schlafen in getrennten Betten.« Zu Recht schrieb der kolumbianische Expräsident Alfonso López Michelsen in seinem Roman *Die Auserwählten*, daß der Bolero »ein Tanz für Jungverheiratete ist, die sich für die Ehepartner der anderen zu interessieren beginnen«. Denn was in Wirklichkeit zählt, ist die Trennung, nicht das Zusammensein.

Wie jedes Kunstwerk nährt sich der Bolero vom Verlust, nicht von der glücklichen Begegnung.

Eben die ständige Unsicherheit – »das geringe Vertrauen«, von dem Bobby Capó spricht – verhindert die vollkommene Glückseligkeit. Es lohnt mehr, zu leiden als zu genießen. Oder anders gesagt, das Gute am Genießen besteht darin, daß wir später leiden werden.

»Es ist besser, uns weiter zu lieben,
besser, weiter zu sündigen.«

Schuldbeladene Leidenschaften, und es ist Zeit für den Bolero, die Unterschiede hervorzuheben, die allzu bekannte Feststellung: *Wir sind verschieden.* Darum »sag ich dir adieu, / verlasse dich gefaßten Herzens. / Nicht aus fehlender Liebe, / ich liebe dich von Herzen, / und im Namen dieser Liebe und für dein Wohl / sage ich dir adieu«. Die brüske Trennung, die fast nie ausgesprochen wird, gibt mit ihrem Schmerz den herzerschütterndsten Klagen, den pathetischsten Seufzern Nahrung. Das Ende einer Leidenschaft, die sich zu sterben weigert. Eine Leidenschaft, die sich nicht fügen will und weiterlebt, indem sie sich von Überbleibseln nährt. Die sogar verlangt, »von deinem Mitleid gestreichelt zu werden«. Wenn aller Hochmut verlorengegangen ist und mein Stolz zu deinen Füßen liegt.

Folglich besteht der einzige Trost darin, zu leiden, bis auf den Grund seines Herzens am »bitteren Mißgeschick, dich bessesen / und verloren zu haben«, zu leiden. Und geduldig abzuwarten, sich vergeblich gegen »diese große Traurigkeit, die dein Abschied hinterläßt«, zu wehren. Der Prozeß der Trennung durchläuft unausweichlich alle Stufen des Gefühlslebens. Ein Spektrum, das sich mit den Wutausbrüchen der Eifersucht – »verfluchte Eifersucht« – färbt und gar in eine apokalyptische *Agonie* münden kann, wie sie der Bolero von Pancho Flóres beschreibt, in dem die Fatalität bis ins Unsägliche einen prosaischen Gang durch die Stadt verdüstert: »Ich muß an deinem Haus vorbei, um zu mir zu kommen, / und das verursacht mir einen Schmerz, der mein Leben auslöscht.« Der Grund? »In deinem Zimmer höre ich eine Stimme, / die nicht meine ist.«

Da fehlt nur ein Schritt, um sich eine Kugel in den Kopf zu jagen. Erstaunlich viele haben diesen Schritt getan, wie es in der Regenbogenpresse nachzulesen ist. Jeder wahre Bolero zeichnet sich dadurch aus, daß er wenigstens einen Selbstmord bewirkt hat. Oder zumindest eine »langsame Agonie«. Doch unverbesserlich wie wir sind, werden wir immer wieder rückfällig; versuchen es immer wieder von neuem. Stecken immer wieder Münzen in die Musikbox.

»Ich küßte andere Lippen
und spürte neue Sehnsüchte.«

Der Bolero, tragisches Gefühl der Karibik, spricht von der Liebe. Auch von anderen Dingen. Wie die große Dichtung hat er kein Ende: »Nebel der Abwesenheit, der sich mit der Magie deiner Ankunft auflöste«. Verwoben in der Erinnerung, setzt er seinen Weg fort. Bewahrt unverändert seine Macht, Gefühle auszulösen. Ununterbrochen gespielt in Kneipen, unausbleiblich in den Bordellen, deformiert auf den Festen der Oberschicht, bringt er offenbar seit den prähistorischen Zeiten von Gutty Cardenas das Bestreben eines ganzen Kontinents zum Ausdruck, der – im Rückgriff auf das modernistische Erbe – mit blutigen Tränen sein jahrhundertealtes Elend bedeckte. Der Bogen spannt sich von dem Argentinier Leo Marini bis zum Bolivianer Raúl Shaw Moreno; von dem Venezolaner Alfredo Sadel bis zu der Nordamerikanerin Eddye Gorne; für sie alle ist der Bolero das einzige Kulturprodukt, das über unsere balkanisierten Ländergrenzen hinausgekommen ist. Seine Sprache ist die einzige, die unser Lebensgefühl zum Ausdruck gebracht hat, unsere Freude, Wut und Verträumtheit.

Wenn jetzt eine neue Generation, die englisch spricht, denkt und singt, ihn als eine anachronistische Erinnerung an feuchtfröhliche Bohemezeiten, Freudenhäuser und Erbrechen im Morgengrauen abtut, lohnt es, ein Requiem für ihn anzustimmen. Vom Manchester-Liberalismus bis zum LSD spannte sich der Bogen der Verbreitung des Bolero, weit genug, um seine Aufnahme in die schmalbändige lateinamerikanische Kulturgeschichte zu rechtfertigen. Wir, die wir nicht recht wissen, welche Geschichte unsere ist, bewahren ihn als Teil eines Gedächtnisses, das nachläßt und in der Musik und im Text des Bolero den einzigen Ausblick auf das, was die Ewigkeit ist, erreichte.

»Vergehen werden tausend Jahre, viel mehr noch,
ich weiß nicht, ob es in der Ewigkeit Liebe gibt,
doch wirst du dort genau wie hier
verspüren in deinem Mund
den Geschmack nach mir.«

Auf dem goldgefaßten Wasser

Im Korridor der Nachtigallen

In diesen Schlössern
aus Bambus und Papier
ist die Macht ein Abstand.

Unendliche Wartesäle
ringen jegliche Ungeduld nieder.

Das Licht gedämpft
und ein Rascheln von Seide.

Wie ein zweiter Graben
klagt der Korridor der Nachtigallen
die Falschheit an
und nicht den überstürzten Flug
von jenen, die sich lieben.

Körper, doch sie streifen kaum
Hölzer, glatt und glänzend wie Lack.

Ein Fliedergeruch
jedoch
verrät ihre Gier.

Um die Wirklichkeit zu löschen

Vom pfeilschnellen Zug aus entdecke ich
das weiße Ölbild des Fudschi
und die ordentlichen Teeplantagen.

Die rechteckigen Wasser,
in denen der Reis gedeiht,
und die lustigen, bunten Fische,
die durch die Lüfte segeln.

Hölzerne Pavillons,
zu reinem Gold geworden,
und ein Steingarten zum Meditieren.

Der Geschmack des Wasabi
öffnet mir die Sinne,
und Türen von Papier
strahlen Gastlichkeit aus.

Aber ganz Japan verschwindet
vor dem, der die Seele bloßlegt
und das vergessene Gefühl zurückgewinnt.

Vor dem, der seine Lippen
zu flüchtigen und rückfälligen Küssen formt.

Nach Honig schmeckt die Ewigkeit.

Schinto

Wir wollen fröhliche Religionen,
denen alles heilig ist.

Keine Schuld mehr, keine Reue noch Vergebung
und keine Angst, diese schreckliche Nötigung, mehr.

Dreimal in die Hände klatschen,
und der Gott ist wach.

Gesegnet sei der Bambus,
gesegnet der Wasserfall.

Und gesegnet sei die Frau,
die fünfzehn Jahre später
den Traum nochmals durchlebt
und ihn Punkt für Punkt erfüllt.

Wir wollen gütige Götter,
die durch die Häuser schweben
und die zärtlich über
unsere Augen streichen.

Dank ihrer Gnade
sehn wir endlich eine Azalee,
eine Flasche Cognac,
einen Stich von Hokusai,
und alle drei sind göttlich.

Gericht und Strenge öden uns an,
wir suchen das freie Band des Lachens.
Die köstliche Unschuld eines Bisses.
Wir wollen allein mit uns sein
ohne das Auge, das alles durchdringt.

Damit die Logik
uns nicht leite,
trage ich Astromelien
auf deinen Altar,
meine Muse.

Wichtig ist: nicht um etwas zu beten.
Es dem Leben abzuringen.

Hai-Ku

Ich reise zu dir
mit 820 Kilometern in der Stunde.

Ich fliege zu dir
in 11.880 Meter Höhe.

Mein Geist
indessen
nistet schon in deinem Leib.

Der Gottlose

Er befleckte mit seinen Schuhen von Sand
die Stufen des Tempels.

Er schändete die fremde Frau.

Er unterschlug den Obolus des Glaubens.

Und beging hundertacht verschiedene Sünden.

Die Größte: Ungeduld.

Lächelnder Buddha: Höre den Gottlosen an.

Erlaube ihm,
die tröstliche Treue zu betrachten,
mit der die Kirschen alle Jahre wiederkehren.
Laß ihn die Herrlichkeit
der Mandarinen kosten.

Mit hundertacht Glockenschlägen
vertreibt er seine Raben,
betäubt alles kleine Raubzeug.

Lächelnder Buddha: Wasch ihm das Angesicht.

Mit ihm verbeugte er sich
vor der friedlichen Schönheit

und schürzte behutsam
den wilden, den roten Knoten der Liebe.

Möge die ewige Bronze
des großen, grünen Buddhas von Kamakura,
erst recht der Hain um ihn herum
ihn die bittere Wonne lehren:

Das wenige, was bleibt,
das viele, was verweht.

Bilder aufs Geratewohl, von dort, wo meine Augen ruhten

Nahe dem Wasserfall
trinke ich, während der Mond
durch den Bambus wandert,
meinen Sake.

Wenn der Mond
ermattet flieht,
suche ich mein Gesicht
im Wasser eines Teichs.

Mein Gesicht:
das unermüdliche Ballett der Karpfen.

Tokio: 26. April 1990

Die Augen wandern über
die statische Glaskulisse
und schaun sich dies Standfoto an:
Ein Palast mit grünen Dächern
schläft unter unentschlossenem Grau.

Akasaka.

Auch Blöcke allerlei verschiedenen Grüns,
gebrochen
durch die rosa Azaleenflecken.

Wasser, die unbeweglich fließen
wie die Wagen auf der Autobahn,
und vielleicht ein weißer Vogel, kaum zu sehen,
der umherschweift, aufsteigt und dann steht
im Gedächtnis zweier Augen, die ihn schreiben.

In deinem Namen und um deinetwillen

Du warst stark, fast unverwundbar.
Doch du lerntest das Groteske und Banale kennen,
auch das Ungeschick einer, die liebt.
Jetzt nimmst du an – vertrauensvoll.

Geistesabwesend erlebst du
noch einmal jene leichte Utopie:
die eines, der in deinen Armen schlief.

Draußen stimmt die Welt
den Lärm ihrer Psalmen an
– das Martinshorn eines Krankenwagens,
Toyota und seine Leibwächter.

Nur die, die ihre Pflicht erfüllen
– voller Lust zu lieben und sich lächelnd
in das Unvermeidliche zu schicken –
erreichen, daß kein Blut mehr diese Erde trübt.

Beim Aufrollen eines Kakemonos

Die Rolle öffnet sich
wie beim Entwickeln eines Films.
So zelebriert der Reisende
die vielgerühmten Stätten.

Es wechseln die Augen,
doch auch der Berg,
und immer verschieden sind
die beiden Ufer des Flusses.

Enten, Kaninchen reisen
auf dem goldgefaßten Wasser.

Mit meiner Canon oder meiner Feder,
mit meinem Heft oder mit meinem Auge,
mit Mühe halte ich dies alles,
was vorbeifließt, fest.

Zuviel gibt es an Schönem
in dieser satten Welt.
Gedächtnisschwund,
willkommen seist du mir.

Samurai

Geschützt bin ich durch deine Zärtlichkeit
wie durch eine unsichtbare Rüstung.
Doch das Netz von Küssen, das mich fesselt,
ist nur eine andre Art der Nacktheit
im Angesicht deiner Schönheit:
die von innen hervorbrach
und dein Haar weiß färbte.

Kontrapunkt

In diesen unseren Städten,
die der Schrecken beherrscht,
schreibe ich ratlos
im Gedanken an dich,
die bedrohte,
Opfer der grausamsten Feuer.

Ich denke aber auch
an jene, die fliehen mußten,
Begräbniskränze hingen
bedrohlich an ihren Türen,
sie können es nicht lassen,
von diesem Land zu träumen,
so überreich an Leid.

Mein alter Vater versucht
alle Tag vergeblich,
wieder eine unbegreifliche Tragödie
zu verstehen.

Schwache Hoffnungen halten ihn kaum noch aufrecht.

Aber niemand, niemals, nichts
wird die ganz konkrete Wunde heilen,
die dein Fernsein mir bedeutet.

Vor soviel Tod
empören sich die Körper.

Zoo

Bersten die Kröten vor Liebe?
Werden die Käfer verrückt,
wenn ihnen der Partner fehlt?
Zerreißt es
Glühwürmchen und Grillen
vor lauter Sehnen und Suchen?
Warum nicht miauen, wenn
die Sprache unnütz wird
und nur das zufriedene Schnurren
in der lauen, zarten Achsel bleibt?
Auch die Tiere paaren sich,
bis sie die Sonne zeugen.

Alvaro Mutis
Sharaya

Sharaya, der Weise von Jandripur, saß seit langem unbeweglich am Ausgang des Dorfes, weit weg am Rande der Landstraße. Hier empfing er die spärlichen Almosen und die immer seltener werdenden Gebete der Dorfbewohner. Sein ganzer Körper war von einer grauen Schmutzkruste bedeckt und sein Haar hing in fettigen Strähnen, über die die Insekten liefen, herunter. Seine Knochen, die durch die Haut hindurchschimmerten, bildeten dunkle, unmöglich scheinende Winkel, die der reglosen Figur ein versteinertes, statuarisches Aussehen verliehen, das viel zu diesem Zustand der Vergessenheit, in dem die Einheimischen ihn behielten, beitrug. Nur die Alten erinnerten sich noch, verschwommen im Dunstkreis ihrer jungen Jahre, an die Ankunft des schmalwüchsigen Mannes, der eine gewisse Weltläufigkeit zur Schau trug und eine Redegewandheit in religiösen Dingen besaß, die er in dem Maße verlor, in dem er größere Fertigkeiten bei seiner meditativen Versenkung am Wegrand erlangte.

Obwohl die Dorfbewohner ihn wenig oder gar nicht beachteten, oder vielleicht gerade deswegen, war Sharaya ein aufmerksamer Beobachter des Lebens um ihn herum und kannte wie kein anderer die zwielichtigen, verwickelten Geschichten, die sich im Laufe der Jahre im Dorf ineinander verwoben und wieder auflösten.

Seine Augen bekamen die sanfte Stetigkeit eines Haustieres, die die Leute im allgemeinen mit der Sanftmut der Dummheit verwechselten, die klugen Köpfe aber als Zeichen für die klarsichtige und vollkommene Wahrnehmung der tiefsten Geheimnisse des Seins erkannten.

So war Sharaya, der Weise von Jandripur im Bezirk Lahore.

Die Nacht, die seinem letzten Tag voranging, war eine Gewitternacht, der Fluß schwoll reißend an, er stürzte brüllend aus den Bergen wie ein krankes, aber an Kraft und Ausdauer unerschöpfliches Tier.

Dicke Tropfen liefen die ganze Nacht über die Haut des Sonnenschirmes, den die Frauen in der Zeit der großen Hitze aufgestellt hatten. Der Regen trommelte wie eine Warnung, wie ein in einer anderen Welt vorbereitetes Zeichen. Noch nie zuvor hatte er so auf dem straff gespannten Fell der Antilope geklungen. Er sagt mir etwas, und etwas in mir hat die eindringliche Botschaft vernommen. Eine große Pfütze hat sich aus dem Wasser gebildet, das von der weichen Kuppel, die mich zu schützen glaubt, herunterrinnt. Bald wird sie wieder trocknen, denn es naht ein heißer Tag. Dunstwolken steigen vom Boden auf, die Schlangen verkriechen sich in ihre aufgeweichten Nester. Hoch oben fliegt ein Drachen in ungeschickten Sturzflügen. Gelb. Der Gesang einer Frau ist zu hören und reinigt den Morgen wie mit einem Tuch des Vergessens. Einer hält die Schnur, der andere schaut mich lange und verwundert an. Er entdeckt mich, ich trete in seine Kindheit ein. Ich bin ein Grenzstein und werde zu einem neuen Leben geboren. In seinen Augen steht Angst, Angst und Mitleid, geschrieben. Er weiß nicht, ob ich Tier oder Mensch bin. Mit einem kleinen Bambusstock sucht er die Stelle, an der ich Schmerz spüre, findet sie aber nicht. Er rennt zu dem anderen, entfernt sich mit ihm, ohne mich noch einmal anzusehen. Der Weise von Jandripur. Vor langer Zeit. Jetzt etwas anderes und vieles zugleich: unter anderem ein Weiser. Die Vielfalt meiner Fähigkeiten hat sich bis zum gewölbten Firmament ohne Anfang und Ende ausgedehnt. Er kehrt zurück. Streckt die Hand aus, bis er mich berührt, ohne den kleinen Stock, der ihn schützte. Fern wie ein Stern oder so nahe wie etwas, das träumt. Das ist gleich. Sein Gefährte ruft ihn. Der Drachen fällt langsam, sucht in seinem Tod seine Neugeburt. Die Bäume verbergen ihn. Er fällt in den Fluß, in dem ihn eine lange Reise erwartet, bis das Papier sich auflöst. Dann treibt das Gestell ins Meer, wo es in der Tiefe versinkt. Um es herum werden die Korallen und Austern den festen Schatten seiner ursprünglichen Form nachbilden und in ihr werden die Fische laichen und die Krebse ihre Jungen mit Sand bedecken. Dort werden große Rochen sterben und auf ihren Überresten werden Leuchtfische ihre Höhlen aus weicher, sich verändernder Materie bauen. Eine kleine Störung wird sich in den tiefsten Strömungen bilden und viele Jahrhunderte später wird der flüchtige Strudel an die Oberfläche kommen; dann ist alles wie zuvor. Eine Zeit ohne Ufer, wie ein Schrei in der weißen Leere des Nichts. Sie nennen es Leben, gefangen in ihren eigenen trügerischen Grenzen. Der Morgen kündigt sich mit einem Lastwagen an. Zwei weitere folgen. Gestern nacht fuhren etliche vorbei. Soldaten aus den Bergen. Sie lassen übernächtigt ihre Köpfe hängen, stützen sich auf ihre Gewehre. Der Lastwagen bleibt stecken. Seine Räder greifen nicht im Schlamm. Der Motor heult wütend auf, wird abgewürgt, jault wieder auf. Sie schneiden Äste ab. Andere kommen herbei. Panzer. Sieben an der Zahl. Sie schieben ihn an. Er fährt weiter. Laute Rufe. Armselige Wutschreie gegen das Wasser, gegen den Modder. Jetzt singen sie. Sie singen vom Unglück, von ihrem Fleisch und Blut, ihren Frauen, ihren Kindern, sie singen von ihren mageren Kühen. Die große, alles gebärende Mutter. Sie sterben den Tod eines Lebens als Soldat, der folgsam ins Grab geht. Bauern, Weber, Schmiede, Schauspieler, Tempeldiener, Studenten, Gelehrte, Diebe, Beamtensöhne, Männer der Maschinen, Männer der Reisernte, Männer der Straße. Sie haben alle den gleichen Namen, ihre Gesichter sind gleich. Ihr Tod ist der gleiche. Von weit senkt sich das Schweigen wie ein großes Netz aus einer anderen Welt herab. Die Insekten erwachen langsam. Eine Schlange raschelt in den Blättern. Vielleicht die gleiche, die sich gestern abend zwischen meinen Beinen schlängelte. Wasser und Blut auf kalten, klar gezeichneten Schuppen. Die Mutter aller Wesen streift durch ihr Reich, von ihren alten Eckzähnen tropft die tödliche Milch der Jahrtausende. Oft kamen die Angehörigen, um mich nach dem Grund ihrer Trauer zu befragen, während der Rauch der Scheiterhaufen sein schmutziggraues Zeltdach in den Himmel hochzog. Doch damals schon war mir seit langer Zeit das Wort nicht mehr gegeben, so daß ich ihnen nichts sagen konnte. Auf jeden Fall wußten sie es bereits selbst, nur in einer anderen Form, so wie das Blut seinen Weg weiß, flink, nutzlos. Sie haben Angst vor dem Tod und dann suchen sie in ihm und wirken an seiner fruchtbaren Aufgabe mit, schwimmen als Asche den Fluß hinunter, wobei sie den säuerlichen Geruch nach neuem Leben, Nahrung und Dünger anderer Welten, hinterlassen. Er flüchtete hinter die Sträucher. Er spürte die Schritte, noch ehe ein anderer sie hörte. Menschen aus dem Dorf mit ihren Karren. Alles nehmen sie mit. Das große Ehebett, Geschenk der Missionare. Grelles, verrostetes, falsches Gold ihres Beischlafs. Sie fliehen also. Der Bürgermeister mit seiner aufgeschwemmten Frau. Er lügt, wenn er kommt und betet. Die Priester aus dem kleinen Tempel. Schiefe Räder quietschen und schleifen in der abgenutzten Achse. Unvollständige Leben, Bruchteile kaum der großen Wahrheit, der grauen Kruste gleich, die das Becken nach den Waschungen verschmutzt. Sahne aus Dreck, Herz des Elends, Stufenleiter des Abfalls. Und so sicher in ihrem Drang zu fliehen. Eine andere, tiefere Zerstörung treibt sie, die einzige und wahre Katastrophe in der beunruhigenden, niederdrückenden Dunkelheit ihrer Instinkte. Sie schauen mich noch einmal an. Die Ältesten. Ich kann nicht in ihren Augen lesen. Wie ich ihnen nicht mehr sagen kann, daß es nutzlos ist, vor etwas zu fliehen, das überall ist. Sie sind wie die Menschen, die beten, um zu glauben, oder diejenigen, die die Erde bearbeiten, um den Ochsen, die den Pflug ziehen, zu fressen zu geben. Und das große Hemmnis ihrer schäbigen Habe. Sie legen mir Gaben hin. Was sie nicht mitschleppen wollen, was ihrer Flucht hinderlich ist. Die Witwe mit ihren Kindern. Dunkle Augenringe, ausgetrocknete, tote Brüste. Blumen aus dem Tempel. Sie traut sich nicht, sie wegzuwerfen, noch sie vor die Standbilder zu legen, die morgen mit der gleichen Wut, die sie zum Leben erweckte, zerstört sein werden. Sie wird nicht weit kommen, sie ist gezeichnet, im Abseits, von allen ausgewählt. Andra, die die ganze Nacht nackt vor dem Weisen tanzte. Ihre Kinder werden sich eines Tages erinnern: »... als wir aus Jandripur flohen, starb sie unterwegs, wir brachten sie hinauf in die Spitze eines hochgewachsenen Baumes und hier ruht sie, besucht von den Winden und gewaschen von allen Wassern der Welt. Sie wachte mehrere Tage über uns, bis wir sie aus den Augen verloren...«. Und trotzdem wird es nicht so sein, wie sie es glauben. Nicht genauso. Es wird andere Dinge geben, die ihnen für immer verborgen bleiben und die sie doch mit sich tragen. Mit dem Tod der großen Mutter, der Gebärerin des Todes, Mutter der Blutstürze, der leise die Knochen zermalmenden, die Lymphflüssigkeit in ihrem Rücken zersetzenden Mutter. Sie schauen zurück in die Stille ihrer verlassenen Häuser, in denen noch lange Zeit ihre Wünsche und ihre Ängste, ihre Traurigkeit und ihre Freuden rufen und versuchen werden, sie auf ihrem Weg einzuholen. Soldaten. Ein fliehender Wachsoldat mit Signalflaggen. Ich sehe ihn. Er sieht mich. Buchstaben und Worte. Er sieht mich an. Soll er gehen. Er schwankt. Der letzte. Allein. Vielleicht. Ich weiß nicht, von wem ich verlassen bin, allein. Er schaut mich wieder an, rennt den anderen hinterher. Ein Schwert, unbeholfen gearbeitet, das die blaue Schneide seines Blatts beim Wort der Kriegsgötter erfindet.

Am Mittag nahm sich Sharaya die Hälfte einer fast vertrockneten Apfelsine und begann, ein Stück der immer noch stark duftenden Schale zu kauen. Die Hitze des Mittags verbreitete das Aroma der Frucht beim Tanz aufgescheuchter Insekten, die gegen die Haut des Auserwählten stießen. Das Rauschen des Wassers wurde schwächer, der Fluß kehrte in seine Ufer zurück. Als die Sonne unterging, breitete sich eine leichte Benommenheit in den steif gewordenen Gliedern des Weisen aus und flößte ihm das unbeschreibliche Glücksgefühl desjenigen ein, der träumend die geheimen Fährten seines Geschicks entdeckt.

Aufgewühlte Wassermassen, die den kalten Schlamm der Fluten durcheinanderwirbeln und aufspritzen lassen. Wasserströme, die aus den Bergen kommen, in Strudeln tanzen und im Bauch sich besänftigen, der langsam, glatt und warm kreist, geschützt vom runden Kelch der Hüften. Geruch nach verbrannten Gewürzen auf dem kleinen Platz und das helle Klingen der Instrumente, die die Vorgänge des Tanzes erzählen. Lachen auf den Lippen der zahnlosen alten Bettlerin, Lachen des Fleisches, das sich erinnert und vergleicht. Unerbittliche Verkettung und ein großes Wohlgefühl in der Brust, das schwer wiegt und schmerzt, und lange Nachmittage des Kommens und Gehens des Blutes im überraschenden Auf und Nieder; die Nähe des Glücks, des kleinen menschlichen Glücks, Nachbarin des Schreckens, das kurze Glück der Rattenzähne, die zubeißen und kauen. Ein weiter Umgang aus Asche auf dem Gedächtnis des Fleisches. Reise zum Sitz der ehemaligen Gebieter. Die schüchternen Hirten, Gebieter eines Teils der Welt, verwandelt in ehrenwerte Geschäftsleute, geduldig, starrköpfig, träumerisch, schutzlos außerhalb ihrer Inseln. Motorschrauben, die die Wasser der Flußmündung zerfressen. Ein ausgedehnter gelblicher Fleck kündigt die große lärmende Stadt der Beamten an, in der die Weisheit auf den symmetrischen, von den feuchten Ausdünstungen der Maschinen schmutzigen Treppen hinaufsteigt. Orte der Vernunft. Auf dem Platz hetzen Männer und Frauen im schmierigen Dunst des sinkenden Tags. Sprühende Farben, ein Glas füllt sich mit Lichtern, die verschwinden, um den blauen und grünen Strichen Platz zu machen: trink, trink, trink, trink. Aufspritzt der Schaum der Taufe, verspritzt im düsteren Vorbeizug der unzufriedenen, arbeitsamen Gebieter. Wasser strömt auf die im lichten Schatten des Urwalds, beim Kreischen der Vögel und Zirpen der Insekten getauften Rücken. Die Haut des Ältesten unter ihnen, verrunzelt unter den hängenden Brustwarzen, wird naß vom Wasser der Wahrheit, vom Wasser, das alte und neue Begierden löscht, das die in weitläufigen, steinernen Gebäuden – Wiegen scharfsinniger Argumente – erworbenen Titel tilgt. Mein Pate und Meister, mein zweiter Vater, die Oberfläche der Erde vermessend; ein von der Wahrheit unbefleckter Schakal, gallebitterer Kröterich, Vater der Wahrheit. Und schließlich der letzte Kampf an ihrer Seite, meine Brüder. Die Demonstrationen, die Gefängnisse in den Bergen, die Partei und ihre heimlichen Verzweigungen wie Venen in einem erwachenden Körper. Hier, als alles friedlich seine Ordnung zu bekommen schien, hätte ich noch der Herr sein können, das Gesetz unter dem Schutz meines Sonnenschirms diktieren, sie zum Guten oder zum Schlechten, je nachdem wie es ihrem Schicksal entsprach, bewegen können, hätte eine Lehre verkünden und sie ein bißchen besser werden lassen können. Der Gesandte mit dem rötlichen Schnurrbart und dem schweißtriefenden Nacken legte seine Argumente im Licht der schmutzigen Lampe der Kaserne dar. Ihr bewährter alter Weg der Vernunft, auf dem sie so sicher, aber auch so fern ihrer selbst gehen und ihre besten und sichersten Gaben verlieren: »Niemand weiß, warum du zu ihnen sprichst. Es interessiert sie nicht, wie sie ebensowenig wissen, warum ich hier bin, so wenig, wie ich es selbst weiß. Der einzige, der schon alle Antworten parat hat, bist du, nur werden sie dir nichts nützen. Stets gelangt man an die gleiche Stelle. Du bist der Weise. Nicht alle können es sein. Sie bringen die zerstörerische Wut und den fruchtbaren Wunsch mit. Du schaust ungerührt in die dunkle Sonne deiner inneren Eroberungen und bist so elend und arm wie sie, weil der Weg, den du zurückgelegt hast, so geringfügig ist, daß er in dem langen Tagewerk, das du dir in deinem trügerischen Stolz, der dich fesselt, zu tun vorgenommen hast, nicht zählt. Stell dich an ihre Seite und führe sie. Und hilf mir, meine Autorität durchzusetzen, damit die Dinge in gebührender Form übergeben werden können. Dann werden sie schon sehen, wie sie zurechtkommen, aber du, der du mit uns gelebt und dich gebildet hast, weißt, daß nur unsere Sache dem Maß des Menschen entspricht. Alles andere ist Wahnsinn. Du weißt es.« Eine blasse Kobra, Haut der Wahrheit. Ich träume meine Rückkehr zum einzigen Traum, der an einem Ende mit der Gottheit, die nicht ihren Namen sagt, verbunden ist, mit dem Vater und der Mutter der Götter, flüchtigen Phantasmen und Sklaven des Menschen. Ich träume meinen Traum, der Traum dessen träumend, der den Fuß zu der Position des Elefanten hebt, dessen, der dir mit dem Bogen seiner Finger sagt »Fürchte dich nicht«, den Traum des Feuerträgers, dessen, der auf dem Rücken der Schildkröte unterwegs ist. Die Stunde kommt, kam vor vielen Stunden und ist immer noch nicht gekommen.

Sharaya war eingeschlafen. In der schwülen Mittagsruhe des verlassenen Jandripur kamen die ersten Einheiten des Invasorenheers. Sie schlugen ihre Zelte auf und stellten die Fahrzeuge in Position. Als der Weise erwachte, ging das Dorf in Flammen auf, platzten die feuchten Balken der Häuser in der auffrischenden Abendluft und verhingen den Himmel mit ihren hohen Rauchsäulen. Es waren viele; das Brummen der Lastwagen und das Heranrücken immer neuer Panzer wies darauf hin, daß es sich nicht mehr um eine kleine Vorhut, sondern das Gros des Heeres handelte. Über einen Lautsprecher schallten Befehle, im näselnden hohen Tonfall der Sprache der Bergbewohner, wie die Soldaten sich in der Gegend verhalten und welche Vorsichtsmaßregeln sie zum Schutz vor denen, die sich versteckt hatten, um den Widerstand zu organisieren, einhalten sollten. Das Hin und Her dauerte bis tief in die Nacht, als sich eine große Stille auf das Dorf und die Umgebung senkte.

Sie schlafen, erschöpft nach dem Lauf. Sie glauben ernsthaft an die Erlösung der Völker, an die Gleichheit, das Ende der Ungerechtigkeit, die Brüderlichkeit unter den Menschen. Sie selbst bringen ein neues Chaos, das auch Tod bedeutet, und eine neue Ungerechtigkeit, die auch Elend hervorbringt. Vergleichbar mit demjenigen, der sich die Hände in einer vergifteten Quelle wäscht. Dort gehen zwei. Sie beleuchten mit einer Taschenlampe den Weg. Es sind auch Bauern, junge Burschen, fast Kinder noch. Eine Frau ist bei ihnen. Vielleicht eine Gefangene oder eine Straßendirne, die mit ihnen geht, um etwas zu essen zu bekommen und sich ein bißchen Geld zu verdienen. Sie ziehen sie aus. Das alte sich wiederholende Ritual ohne Glauben und ohne Liebe. Es zittern ihnen die Hände und die Knie. Alte Scham der Welt. Sie lacht, ihre Haut und ihre Glieder antworten auf die Welle, die den Körper des Burschen, der sie zu Boden drückt, durchläuft. Notwendige Mutter. Vereint werden sie am Ort aller Ursprünge wiedergeboren. Sie stöhnen und lachen im gleichen Rhythmus. Ein einziger Körper mit zwei trunkenen, vom Schwindel ihrer eigenen Wiedergeburt, ihrer langen Agonie bedrängten Köpfe. Der andere lächelt verhalten. Lächelt über seine eigene Scham und Erwartung. Söhne auf der befreiten Erde zu säen. Sie waren fertig. Sie zieht sich an. Der andere beleuchtet mich mit der Lampe.

Die Soldaten und die Frau standen staunend vor dem seltsamen Gemisch aus dreckverkrusteten Lumpen, verwesenden Nahrungsmitteln und mumifizierten Knochen des Weisen. Sie wichen dem festen, durchdringenden Blick Sharayas aus, Zeuge des kurzen Vergnügens, das sie ihrem dunklen, vergänglichen Leben gestohlen hatten. Nur wenig war dem Weisen an menschlicher Gestalt verblieben. Die Frau wandte als erste den Blick von der hieratischen Gestalt ab und begann, sich wieder in ihre Kleider zu hüllen. Die beiden Soldaten blieben beeindruckt stehen, kamen noch ein Stück näher. Schließlich sagte der, der gewartet hatte, brüsk: »Er scheint ein Weiser zu sein, aber wir können nicht zulassen, daß er den Vorbeimarsch unserer Truppen beobachtet. Er hat uns schon gesehen und sicher auch die Lastwagen und Panzer gezählt. Außerdem wird ja auch niemand mehr kommen, ihn um Rat zu fragen und ihn zu verehren. Sein Reich ist zu Ende.« Der andere zog die Schultern hoch, nahm die Frau beim Arm, ohne ihn noch einmal anzusehen, und entfernte sich auf der weißlichen Spur des Wegs. Bevor der, der gesprochen hatte, ihnen nacheilte, hob er das Maschinengewehr und zielte gleichmütig auf die abwesende, zusammengeschrumpfte Gestalt, auf die abwesenden, starr auf die unaufhörlichen Zerstörungen der Zeit gerichteten Augen, und entsicherte die Waffe.

Auf jedem Blatt, das sich bewegt, war meine Durchreise vorhergesehen. Die Szene selbst erscheint mir, so vertraut sie auch ist, vollkommen fremd. Wenn die Eule ihren Kreis am hohen nächtlichen Himmel beendet hat, wird sich bereits der Wunsch der armseligen Kräfte erfüllt haben, uns zu vereinen, ihn, der mich tötet, mit mir, der ich auf der Schwelle der Welt neu geboren werde, die so schnell vergeht wie die abgefallene Blüte oder die Meeresflut, die sich unausweichlich zurückzieht und den eisenhaltigen Geschmack des Lebens im sterbenden Mund hinterläßt und über dem unempfindlichen Boden des armen, toten, im runden Nichts der Leere kreisenden Planeten rast, Leere, die empfindungslos für immer brennt, für immer, für immer.

Zehn *Lieder* *

I

Es schläft der Krieger
nur seine Waffen wachen.
Der Sommer öffnet die Schleusen
und den Traum bevölkern
flüchtige Gefechte.
Das Blut tritt auf.
Mit dem Saum seiner Schleppe
verwischt es noch die leichtesten
Schlacken der Vergangenheit.
Das Marktgeschrei der Wasser
stört nicht im mindesten
die behagliche Mittagsruhe
des erregten Hirten,
des spröden Künders
vom Grab des Stroms im Meer,
und vom fühllosen Schnee.

II

In einem Garten habe ich dich geträumt
Antonio Machado

Garten, der Zeit verschlossen
und der Menschen Nutzung.
Unberührt und frei,
nimmt sein Pflanzenmaterial
Alleen und Brunnen ein
und hohe Mauern.

* im Original auf Deutsch

Vor hundert Jahren blendete es
Gitter, Pforten, Fenster
und hieß jeden fremden Laut.
für immer schweigen.
Ein kühler Windhauch läuft durch ihn hindurch
und nur des Wassers stetiges Gemurmel
und ein leichtes, blindes Pflanzenrauschen
füllt ihn mit vertrautem Widerhall.
Dort bleibt vielleicht
eine Erinnerung an das,
was du einst warst.
Dort sagt vielleicht
ein gewisser nächtlicher Schatten
von Feuchtigkeit und Erstaunen
einen Namen,
einen schlichten Namen,
der immer noch
in jenem abgegrenzten Raume herrscht,
den ich erfinde,
um unsere Geschichte
vor dem Vergessen zu bewahren.

III
Gedenkstein für Arthur Rimbaud

Du Herr des Sandes,
du schreitest deine Güter ab,
und von dem Ausguck
deines höchsten Turms
geht deine Weisung aus,
die sich verliert
in der tauben Leere
der weiten Mündung des Flusses.
Du Herr der Waffen,
dieser trügerischen Waffen,
schon so lange

nagt das Vergessen
an deiner Macht,
daß dein Name und dein Reich,
der Turm, die Mündung,
der Sand, die Waffen
für immer von dem ausgebleichten Gobelin
verschwanden, der
von ihnen ehedem berichtete.
Laß deine fadenscheinigen
Standarten fahren.
Im Schweigen, in der Stille
sollst du dich,
verlassen,
in dein Totennetz verwickeln.

IV
Lied auf Kreta

Aus hundert Fenstern lehn' ich mich hinaus,
und ruhig rollt die Luft
über die Felder.
Auf hundert Wegen dein Name,
die Nacht zieht, ihn zu suchen, aus,
blindes Standbild.
Und dennoch,
aus dem stummen
Staube von Mykene
kamen schon dein Antlitz,
eine gewisse Ordnung deiner Haut,
den schweren Stoff von meinen Träumen
zu bewohnen.
Nur dort gibst du mir Antwort
Nacht für Nacht.
Und die Erinnerung an dich beim Wachen
und dann beim Wachen dein Nichtdasein
brennen einen unbestimmten Weingeist,

der durch gelaßnes Scheitern
vieler Jahre rinnt.
Aus hundert Fenstern lehn' ich mich hinaus,
und ruhig rollt die Luft.
Über den Feldern
kündigt herber mykenischer Staub
uns eine blinde Nacht an
und in ihr das Salz von deiner Haut
sowie dein altes Münzenangesicht.
An diese Gewißheit halte ich mich.
Gewisses Glück.

V

Du fährst den Fluß hinunter.
Das Boot bahnt sich den Weg
durch das Röhricht.
Der Stoß an das Ufer verkündet
das Ende der Reise.
Es ist gut, daß du daran denkst:
Dort habe ich vergebens
einst gewartet
ohne Rast noch Schlaf.
Dort habe ich gewartet,
und die Zeit blieb stehen,
verbrauchte ihren abgeschafften Stoff.
Umsonst das Warten,
umsonst die Reise
und das Schiff.
Es gab sie nur
in der rauhen Leere,
dem unwahrscheinlichen Leben, das
sich nährt vom unfruchtbaren Stoff
anderer Jahre.

VI

An irgendeinem verlorenen Hofe
dein Name,
dein weiter, weißer Leib
unter schlafenden Kriegern.
An irgendeinem verlorenen Hofe
das Netz deiner Träume,
es wieget Palmen,
es kehrt Terrassen,
reinigt den Himmel.
An irgendeinem verlorenen Hofe
das Schweigen
deines alten Angesichts.
Ach, wo ist der Hof!
In welchem Winkel der Zeit,
die mir unnütz wird und fremd.
An irgendeinem verlorenen Hofe
deine Worte,
sie entscheiden,
sie erstaunen
und sie sichten
das Geschick der Besten.
In der Nacht der Wälder
suchen die Füchse
dein Gesicht. Das Glas
der Fenster
beschlägt von deinem Sehnen.
So stehen meine Träume
gegen ein Jetzt, und dies
ist nicht allein unmöglich,
nein unnötig.

VII

Es kreisen, kreisen
die Falken,
und im weiten Himmel
gewinnen ihrer Flügel Luft an Höhe.
Du erhebst dein Antlitz,
folgest ihrem Flug,
und auf deinem Hals entsteht
ein blaues Delta ohne Mündung.
Ach, du Ferne!
Stets abwesend.
Kreise, Falke, kreise;
solange dein Flug andauert,
dauert dieser Traum von einem andern Leben.

VIII
Nachtlied

Und plötzlich
kommt die Nacht
wie ein Ölfilm
von Schweigen und Schmerz.
Ihrem Strömen ergebe ich mich,
kaum gewappnet
mit dem leichten Netz
verstümmelter Erinnerungen und Sehnsüchte,
die weiter darauf bestehen,
das verlorene Gebiet
ihres Reiches wiederzuerobern.
Wie trunkene Köder
kreisen in der Nacht
Namen, Bauernhöfe,
gewisse Ecken und Plätze,
Schlafzimmer aus der Kindheit,
Gesichter aus der Schulzeit,

Fohlenweiden, Flüsse
und junge Mädchen
kreisen umsonst
im frischen Schweigen der Nacht,
und niemand hört auf ihren Lockruf.
Gebrochen und besiegt,
werde ich erlöst
von den ersten Geräuschen des Morgens,
alltäglich und fade
wie die Routine der Tage,
die nicht mehr sein werden
wie der fieberhafte Frühling,
den wir uns einst versprachen.

IX
Meereslied

Ich kam,
dich zu den Steilküsten zu rufen.
Ich schleuderte deinen Namen hinaus,
und nur das Meer gab mir Antwort
aus der kurzlebigen
und gefräßigen Milch seines Schaums.
Durch das wiederkehrende Chaos
der Wasser kreuzt dein Name
wie ein Fisch, der um sein Leben kämpft und flieht
in die weite Ferne.
Zu einem Horizont
von Minze und Schatten
reist dein Name,
kreist durch das Sommermeer.
Mit der Nacht, die anbricht,
kehrt die Einsamkeit zurück mit ihrem Hofstaat
von Todesträumen.

X
Die Rückkehr des Leo le Gris

Für Otto de Greiff

Er sang.
Er sang und niemand hörte,
was er sang.
Sonatine in As *(Braune Nacht)*
Léon de Greiff

Wieder erscheinst du in meinem Traum,
du Stich eines entthronten Wikingers,
dein strohblonder und angegrauter Bart,
dein Landsknechtsgang,
und in unsern Zwiegesprächen kehrten
mit ihren Standarten zurück
die verlassenen Schatten,
die vergessenen Namen,
die unmöglichen Reisen,
die verborgenen Häfen,
kurz, aller Sack und Pack
aus meinen abgelegten Jugendjahren.
Erneut erfuhr ich so
die Regennächte
in der Äquatorschwüle
und die Pfade, die zum
Hochland steigen,
die stehende Luft in den Minen,
die Katastrophe von Poltawa
und den Schnaps, die Frauen
an den Rastplätzen des Flusses,
die Verse von Heine und von Corbière,
das glücklose Los
des Betrügers Godunow,
den plumpen Zufall von Begegnungen,
die unserm Überdruß
mit Eintagstäuschungen
Abwechslung brachten;

alles dies und mehr,
wovon ich schweigen will,
gehörte einst uns beiden
ein Stück Wegs.
Wir beide wußten auch
schon immer, daß
die endgültige Niederlage uns
erwartete mit strohdummer Geduld
am Ende dieses Tags,
der ohne Aufbruch war.
Wieder erschienst du in meinem Traum,
du Stich von einem Wikinger
mit deiner auf Genauigkeit bestehenden Stimme, die
vom abendlichen Angriff der Husaren sprach,
der bei Marengo einst die Schlacht entschied.

Luis Fayad
Ein Mann und ein Hund

Leoncio geht durch eine belebte Straße der Stadt. In der Rechten trägt er Zeitung und Aktenmappe, über den linken Arm hat er den Mantel geworfen, woraus man schließen kann, daß es nicht kalt ist (Leoncio haßt Kälte). Vor einer Minute hat er das Büro verlassen (es ist 18.01 Uhr) und sich auf den Weg zur Bushaltestelle gemacht. Wie die anderen Menschen auf der Straße rennt er fast, in der meist vergeblichen Hoffnung, im Bus einen Sitzplatz zu ergattern. Obwohl er nur dies eine im Kopf hat, bemerkt er an seiner Seite einen Hund. Aber er achtet nicht auf ihn, sondern eilt mit großen Schritten weiter. Nach einer Weile bemerkt er, daß der Hund ihm folgt, und er verscheucht ihn mit dem Mantel. Der Hund bleibt mit geducktem Kopf zurück. Der Mann hat seinen Schritt dabei nicht verlangsamt und denkt schon nicht mehr an den Hund, als er zur Bushaltestelle kommt. Er stellt sich hinten an die Schlange, und da fühlt er plötzlich, wie etwas sein Hosenbein streift. Der Hund blickt fragend zu ihm auf. Diesmal schaut Leoncio ihn sich genau an: klein, dürr, gelblich, fast alle Haare sind ihm ausgefallen, und sein Körper ist mit offenen Wunden bedeckt. Leoncio denkt, gleich kommt der Bus und ich bin den Köter los, und fängt an, die Zeitung zu lesen. Seine Ruhe dauert nur wenige Sekunden. Die Leute, die in der Schlange warten, betrachten ihn jetzt mit der gleichen Geringschätzung, die er für den Hund hat. Es würde ihm nichts ausmachen, daß sie glaubten, der Hund gehöre zu ihm, wenn er sich nur still verhalten würde. Aber der Hund macht sich wieder an seinem Hosenbein zu schaffen, als ob er die Absicht hätte, sein Bein an Leoncios Bein zu heben. Wenn er einmal um den Block ginge, vielleicht könnte er ihn dann abschütteln in dem Menschengewimmel. Aber er würde viel Zeit verlieren, würde den Bus verpassen und müßte dann wieder lange warten, vielleicht sogar eine halbe Stunde. Leoncio beschließt, das in Kauf zu nehmen, und geht schnell los, der Hund hinterher. Er versucht, sich zwischen die Menschen zu drängeln, ins dichteste* Gewühl, um den Hund loszuwerden. Zwei Straßen weiter lächelt er befriedigt, er hat den Kopf gewandt, der Hund war weg. Er beendet seinen Rundgang mit wenigen schnellen Schritten, kommt zur Schlange an der Haltestelle, die Gesichter sind neu, also ist der Bus schon dagewesen. Leoncio faltet die Zeitung auseinander. Während er liest und dabei an das Essen zu Hause denkt, streift zum drittenmal etwas sein Hosenbein, und er spürt einen Druck gegen seinen Unterschenkel. Er lächelt bloß, sagt sich, es kann nur Einbildung sein, doch als er schließlich nachschaut, schlägt er die Zeitung zornig zusammen, was den Hund überhaupt nicht stört. Mit einem tiefen Seufzer kann Leoncio sich einen Moment lang beruhigen. Kurz darauf kommt der Bus. Leoncio steigt ein und sucht vergeblich einen Sitzplatz. Obwohl er sich nicht erklären kann, was der Hund will, der ihn von draußen beobachtet, macht er sich keine Sorgen mehr und vertieft sich in die Zeitung, die Hand an der Haltestange. Der Bus kommt in der verstopften Straße langsam voran, aber Leoncio hat Zeit. Er lebt allein und hat für den Abend nichts vor. Er hebt den Kopf, um nach einem Platz Ausschau zu halten, aber der Bus ist noch voller geworden. Da bleibt ihm der Mund offen stehen: Neben dem Bus rennt der Hund und schaut von Zeit zu Zeit auf, ob Leoncio noch an seinem Platz ist. Leoncio braucht eine Weile, um sich zu fassen. Dann sagt er sich, daß diese seltsame Verfolgung auf jeden Fall ihr Ende finden wird, wenn er seine Wohnungstür hinter sich schließt. Bis dorthin folgt ihm der Hund, ohne ihn auch nur einen Moment aus den Augen zu lassen. Was Leoncio sich später nicht erklären kann, ist, wie es dem Hund gelang, neben ihm hereinzuwischen. Auch kam gerade eine Frau die Treppe herunter und fragte, was da los sei, das hat ihn abgelenkt. Und jetzt – es ist die Höhe, der Hund hat sich auf den Teppich gelegt und schaut ihn dreist an. Wütend wirft Leoncio die Zeitung, die Aktenmappe und den Mantel auf einen Stuhl, holt aus der Küche einen Besen und geht in Stellung. Der Hund blickt ihn weiter mit seinen unbesorgten, treuen Augen an und weicht mit schlafwandlerischer Sicherheit den Schlägen aus. Erschöpft stellt Leoncio den Besen zur Seite, er setzt sich. Einen Augenblick lang denkt er daran, die Polizei zu rufen, aber dann findet er es absurd, nicht allein mit seinem Gegner fertig zu werden. Er entschließt sich, die Tür zu öffnen, den Hund zu packen und ihn mit seinen eigenen Händen hinauszuwerfen. Es ist vergeblich, kaum greift er nach ihm, schüttelt ihn Ekel. Er läuft im Wohnzimmer umher, während der Hund nicht aufhört, ihn geradezu belustigt anzuschauen. Leoncio gibt für den Moment auf; am Morgen, wenn er mehr Kraft hat, wird er ihn schon irgendwie loswerden. Etwas beruhigt tritt er in die Küche, holt zwei Eier, Brot, Kakao aus der Speisekammer und aus dem Eisschrank ein Stück Fleisch. Dann haut er auf den Tisch: Er kann unmöglich in Anwesenheit des Viechs essen! Mit dem Fleisch in der Hand glaubt er die Lösung zu haben. Er legt es im Treppenhaus zwei Meter vor die Tür und lockt den Hund. Sobald er draußen ist, wird er blitzschnell die Tür schließen. Aber sein Gegner ist auf der Hut und geht nicht weiter als bis zur Schwelle. Macht nichts, er kann ihm einen Tritt geben, aber sowie er es tut, weicht der Hund aus, und Leoncio trifft die Wand. Er schlägt die Tür zu und stürzt sich mit wutverzerrtem Gesicht auf den Hund, um ein für allemal Schluß mit ihm zu machen. Aber Leoncio besinnt sich, er denkt an die Krankheiten, die er sich holen könnte, und bläst den Angriff ab. Der Hund blickt ihn verächtlich, ungerührt und höhnisch an. Leoncio rennt in der Wohnung auf und ab, schlägt mit den Fäusten gegen die Wände und stampft auf den Boden, nimmt die Aktenmappe zur Hand, holt ein paar Papiere heraus, da er eine Sache fürs Büro fertigmachen muß, und trägt sie zum Tisch. Kaum hat er einige Zahlen notiert, legt er den Kugelschreiber nieder und beschimpft den Hund weil er seinetwegen die Arbeit nicht beenden kann. Vor sich hinmurmelnd geht er ins Schlafzimmer und holt eine Decke. Die hebt er mit ausgebreiteten Armen vor dem Hund hoch, brüllt und wirft sich auf seinen Gegner. Er landet nicht auf dem Hund, sondern auf blankem Boden. Heulend steht er auf, faßt sich an die blutigen Lippen, fährt mit der Zunge übers Gebiß und entdeckt eine Lücke. Er rennt ins Bad und sieht vor dem Spiegel, daß seine beiden besten Zähne ausgeschlagen sind. Ihm ist nach Weinen, unbeholfen löst er die Krawatte, wirft sie zu Boden, reißt zwei Knöpfe seines Hemds ab und taumelt ins Wohnzimmer, wo er sich in einen Sessel fallen läßt. Aber er will die Schlacht nicht verloren geben. Mit einem Satz springt er wieder auf, steht starr, mit schillernden Augen. Er krempelt die Ärmel seines Hemds hoch, starrt den Hund entschlossen an und schreit: »Schweinehund!« In diesem Moment bereut er, nicht den Revolver seines Vetters gekauft zu haben. Er denkt an ein Messer, aber er scheut vor einem direkten Angriff zurück, da der Hund zu wendig ist. Eine Stunde lang grübelt er über die richtige Waffe. Dann hat er es. Rattengift. Er sucht überall, und als er es endlich findet, betrachtet er es wie einen Schatz und holt das Fleisch aus dem Treppenhaus. Er schließt sich im Schlafzimmer ein, um es zu vergiften, ohne daß der Schweinehund das mitkriegt. Er legt das Fleisch auf einen Teller und trägt ihn ins Wohnzimmer. Er sieht den Hund nicht. Er sucht ihn unter den Stühlen, hebt sie sogar hoch, aber er ist nicht da. Unter dem Tisch, in der Kommode, im Bad, unter dem Bett, in der Küche – keine Spur. Er schaut in jeden Winkel, er schreit, hau nicht ab, hau nicht ab. Da sieht er, daß er die Wohnungstür offen gelassen hat. Er schlägt sich gegen die Stirn und verflucht seine Dummheit. Dann, mit dem Stück Fleisch in der Hand, geht er hinunter auf die Straße, um überall nach dem Hund zu suchen.

Feierabend im Dorf

Frische Abendluft flutete durch die engen Gassen ins Dorf, zog in die Häuser und löste den Dunst in der Küche auf, den das Fleisch auf dem Bratrost verbreitete. Isabel lehnte an der Theke und sah, wie die Straßenlampe anging und wie sie unter dem Ansturm der Mücken schwarz wurde. Sie drehte den Kopf nach hinten, zu dem geblümten Vorhang, der ihre Schwester verdeckte, und sagte:

»Mach ein bißchen, gleich kommen die Gäste.«

Am Herd wandte Ana das Gesicht in die Richtung, aus der sie die Stimme gehört hatte, sagte »Ja« und fuhr fort, das Fleisch mit Pfeffersauce zu bestreichen und an die Sonne zu denken. Jemand hatte ihr gesagt, daß die Sonne rund sei wie eine Orange, und sie wußte selbst, daß sie brennen konnte, manchmal noch heißer als der Herd. Sie hörte die Schritte, die zu ihr kamen, und spürte Isabels bedrohliche Nähe. Obwohl sie zwei Jahre älter war und an ihre Schwester gewöhnt, kam eine Unruhe in sie, daß ihr Atem schneller ging und sie die Kontrolle über ihre Bewegungen verlor.

»Laß mich bei der Arbeit allein, ich mag nicht, wenn man mir zuschaut.«

»Du merkst ja gar nicht, ob einer schaut.«

Ana drehte den Kopf mit einem Ruck, direkt vor Isabels Gesicht, ihr sorgfältig frisiertes Haar flog herum, und ihre Augen blitzten, als ob sie lebten.

»Ich merke alles, was vorgeht«, sagte sie.

Isabel machte »Ha« und verzog sich. Die Glut summte und trieb eine Rauchsäule in die Höhe, die am Dach anstieß, sich ausbreitete und durch die Ritzen verflüchtigte. Mit abgezirkelten, geübten Schritten ging Ana zum Küchenschrank, öffnete ihn, wobei die Scharniere ächzten, holte ein paar Teller heraus, wischte mit einer Serviette darüber und stellte sie auf den Tisch.

»Ich hab die Nase voll von diesem Kaff«, sagte sie, »ich will weg von hier.«

»Für dich ist es doch gleich, ob du hier bist oder woanders«, antwortete die Schwester vom Gastraum aus.

»Manche Orte sind aber besser als andere.«

»Du weißt oft nicht mal, wo du bist. Wenn du nachts nach Mama rufst...«

»Das ist im Traum.«

»... oder wenn du sagst, du willst in die Schule, oder wenn du um dich schlägst und Schimpfwörter schreist.«

»Das ist auch im Traum, das weißt du doch!«

»Daß du immer gleich eingeschnappt bist! Wenn du nicht reden willst, reden wir eben nicht.«

Kurz darauf war der Pfiff zu hören, den Ana erwartet hatte, und die Stimme der Schwester, die wie jedesmal sagte:

»Ich muß einen Augenblick raus.«

»Immer gehst du weg, wenn gleich die Gäste kommen.«

»Du brauchst keine Angst mehr zu haben, wenn du allein bist. Das wagt keiner noch mal.«

»Das ist mir jetzt auch egal.«

»Ich schließe ab«, sagte Isabel. »Wenn jemand klopft, sag, er soll wiederkommen, ich bleib nicht lange weg.«

Sie ging hinaus und schloß die Tür ab.

Das nachlassende Summen sagte Ana, daß die Glut allmählich ausbrannte; sie brachte die eingesunkene Holzkohle mit einer Blechbüchse wieder zum Glimmen, bis ihr Gesicht vor Hitze schmerzte. Sie setzte sich auf den Hocker, fächelte weiter mit der Büchse und holte tief Atem, so daß sie die herumfliegende Asche einsog und husten mußte, so heftig husten mußte, bis sie keine Luft mehr bekam und ihr das verschwommene Bild der Schwester erschien, die sich auf Zehenspitzen anschlich und ihr eine Handvoll Asche ins Gesicht schmierte, dann kam das Brennen auf den Lippen, die Übelkeit, Weinen, ein Auflachen, das Schreien der Mutter, das Bündel, das auf ihr hockte und ihr ins Gesicht geiferte, und die Beschimpfungen der Schwester. Die Schemen wollten weiter auf sie einhämmern, doch Ana erhob sich geschwind, der verkrampfte Körper entspannte sich, und ihr Atem ging wieder regelmäßig. Mit herabhängenden Armen und erhobenem Kopf stand sie am Herd, reglos wie eine Statue, und sprach sich unablässig die Worte ihrer Mutter vor: »Du bist schön, ich verspreche dir, du bist schöner als deine Schwester« und sagte sich, daß es eines Tages vor dem Haus pfeifen würde und daß dann nicht ihre Schwester, sondern sie hinausgehen würde, und daß sie sagen würde: »Ich gehe aus, jemand erwartet mich, ich weiß nicht, ob ich wiederkomme.« Als sie das wurmende Geräusch des Türschlüssels wieder hörte, postierte sie sich direkt hinter dem Vorhang und hielt das Gesicht geradeaus gerichtet, als ob sie alles sähe, verzog die Lippen zu einem herausfordernden Ausdruck, lauschte dem kurzen, heftigen Atmen, das sich dem Vorhang näherte – dann sagte sie:

»Ich halt's nicht mehr aus in diesem Kaff, ich will weg von hier, das hab ich dir schon tausendmal gesagt, warum tust du nicht endlich was!«

»Wir haben keine Zeit zum Reden, beeil dich, wir sind spät dran«, sagte Isabel, ordnete ihr Haar mit den Händen und ging in den Gastraum.

Ana machte langsam eine halbe Drehung und stand vor ihrem Herd. Sie fing an, das gebratene Fleisch auf die Teller zu schaufeln und hörte, wie die ersten Gäste kamen.

Alvaro Pineda Botero
Tooor!

TOOOR!!!! Die Menge springt auf und schreit. Auf den billigen Plätzen ist Stimmung: die roten Fahnen von América werden geschwenkt, es knallen Raketen und jemand läßt einen grünen Ballon los, der sich einsam in den klaren Nachmittagshimmel erhebt. Daniel blickt nachdenklich dem Ballon hinterher, der langsam aufsteigt, jetzt ist er auf der Höhe der Berge. Ein Luftstrom aus dem Süden erfaßt ihn, er schwankt und fliegt schneller. Nur die Geier können ihm in die Quere kommen. In der Nähe von Caldas wurde eine Leiche gefunden, etwa siebenundzwanzigjährig, einssiebzig groß, ohne nähere Personenbeschreibung. Die Fans setzen sich wieder, während Schiedsrichter Canessa auf die Mitte des Feldes zugeht. Anamaría ist traurig. »Wir verlieren«, sagt sie. Daniel nimmt einen Schluck Schnaps aus der Feldflasche und reicht sie ihr. Jetzt ist der Ballon verschwunden. »Ich wette Eins zu Eins«, schreit wütend ein Mann mit Bart und kariertem Hemd hinter ihm. »Fünfhundert für Nacional!« Jemand nimmt die Wette an. Sie sind auf den numerierten Tribünen, wo die Fans von Nacional mit Vorliebe sitzen. Neben dem Körper wurde eine Nachricht gefunden: Dieser Mann wurde von der Todesschwadron »Lows Macabros« umgebracht, weil er ein Autodieb und bezahlter Mörder war. Das Spiel geht weiter. Pérez bekommt den Ball und greift flink die Verteidiger der gastgebenden Mannschaft an. Das Leder geht an Cobo, die Stürmer machen sich bereit, indem sie sich in Fächerform aufstellen. Somit sind es bereits vier Säuberungsschwadrone, die die Stadt als Zentrum ihrer Aktivitäten haben. Ortiz von América läuft mit dem Ball nach vorn. Luna kommt ihm dazwischen, Ortiz täuscht und dribbelt, Luna rempelt ihn an, Ortiz bekommt einen Stoß und der Schiedsrichter pfeift Foul gegen Luna. Der Spieler geht auf den Richter zu, die Hände auf dem Rücken, um seinen Unmut zu verbergen. Canessa zeigt ihm die gelbe Karte, Luna protestiert nicht, aber das Publikum pfeift aufgebracht. Anamaría sagt: »Da sind deine Freunde.« Es sind zwei Jungs von der Zeitung. Sie geben ihm Zeichen. Alberto aus der Buchhaltung und José von der Grafik. Ein Mädchen ist bei ihnen. Alberto hebt seine Feldflasche hoch und prostet ihm zu. Daniel lächelt und hebt seine. Er nimmt noch einen Schluck, und Anamaría sagt, daß er ununterbrochen trinke. Schon wieder läuft ein Angriff gegen Nacional: Ortiz kommt wieder von rechts, mit großer Schnelligkeit, er nähert sich dem Strafraum, Luna läuft neben ihm her und versucht dabei, an den Ball zu kommen. Auf einmal liegt Ortiz am Boden und faßt sich an den Knöchel. Man hört den Pfiff, und das Spiel wird unterbrochen. Sie öffnet ihre Tasche und holt eine Packung Kartoffelchips heraus. Er freut sich. Er nimmt ihre Hand und gibt ihr einen Kuß auf den Nacken. Sie hat ein Parfüm mit Veilchenduft, und ihr glattes, offenes Haar riecht nach Lavendel. Sie ist eine schöne Frau, denkt er. Diese neuen Jeans, die angefangen haben auszubleichen, stehen ihr gut. Ortiz krümmt sich und hält sich das linke Bein. Die Fans von América schreien: »MÖR-DER, MÖR-DER, MÖR-.« Pérez, Torres und Hoyos gehen mit Drohgebärde auf Luna zu, aber Canessa stellt sich mit erhobenen Armen dazwischen und erteilt Luna eine Mahnung. Daniel sagt: »Gleich kriegt er die rote Karte.« Die Fans von Nacional fangen an zu pfeifen. Canessa zögert erst und ordnet dann einen Freistoß an. Daniel erklärt: »Luna bekommt keine Strafe, vielleicht war der Sturz eine Schaueinlage von Ortiz.« Jetzt bereitet sich Ortiz auf den Schuß vor, er humpelt nicht. Bis gestern haben sie vierhundertelf in sechs Monaten eliminiert, die größtenteils nicht identifiziert werden konnten. Die Nummer vierzehn von Nacional, Bonatti, linker Flügelstürmer, stoppt den Ball mit der Brust, zwei Spieler greifen an, er weicht ihnen aus, verlängert auf Azuela, der den Ball mit einem Fallrückzieher quer zu Bastidas hinüberspielt. Sie nähern sich wieder dem gegnerischen Tor. Bastidas will schießen, das Publikum springt auf, er holt zu einem gewaltigen Schuß aus, und das Leder streift die Querlatte des roten Tores. Ein Seufzer geht durch die Menge, und alle setzen sich wieder. Ein Junge läuft hinter dem Ball her, der zur Seitentribüne gerollt ist. Er nimmt ihn und wirft ihn auf das Feld. Roque Suárez, der Torhüter von América, fängt ihn, und das Spiel beginnt von neuem. Daniel rückt sein aufblasbares Sitzkissen zurecht und richtet sich auf; er bekommt langsam Rückenschmerzen.

Auch Anamaría setzt sich anders hin und schaut ihn an. Er sieht Zärt-lichkeit in diesen schwarzen Augen und fühlt sich wieder besser. Ein Glück, daß er mit ihr zum Fußballspiel gegangen ist. Er hat bemerkt, daß viele sie angesehen haben, besonders am Anfang, als sie kamen und ihre Plätze suchten zwischen den Reihen der Zuschauer, die be-reits saßen. Sie sahen sie immer wieder an, auf Daniel achteten sie nicht. Heute trägt sie ein Synthetik-T-Shirt, unter dem sich ihre Brust deutlich abzeichnet. Ein Oberst des Heeres, Alvaro Hurtado, mutmaßlicher Anführer einer paramilitärischen Gruppe, die Ent-führer verfolgt, legte seine Ämter nieder, erklärte sich für unschuldig und kündigte eine Verleumdungskampagne gegen die Streitkräfte an. »Toooor!« schreit jetzt wütend das Publikum, hauptsächlich auf den billigen Plätzen. América hat gerade einen weiteren Treffer verbucht: Der Mittelstürmer hatte den Ball etwa auf der Mittellinie angenom-men, rückte zum linken Verteidiger vor, schlug einen Haken und zog ab auf das Tor von Nacional. Raúl Ramón hechtete zum Ball, aber der prallte vom unteren Teil des Pfostens ab, und das Tor wurde durch den Nachschuß von Anselmo Torres erzielt, bevor der Torwart sich wieder aufgerichtet hatte. Anamaría fährt vor Schreck hoch. Früher mochte sie Fußball nicht, aber jetzt sagt sie, daß Daniel sie angesteckt hat. Vor drei Wochen war er mit Palo durch das Einkaufszentrum von Caracas gegangen und hatte sie mit ihrem Lächeln einer guten Ver-käuferin hinter dem Tresen gesehen. Er kaufte bei ihr einen Schal für seine Mutter, die Geburtstag hatte. Er ging sie dann öfter besuchen. Später aßen sie zusammen Mittag bei Gambrinus, in dem Restaurant, in das die Angestellten der Zeitung immer gehen. Die mit dem roten Trikot hüpfen vor Freude. Sie umarmen Anselmo und die Menge ruft: »A-ME-RI-CA, A-ME-RI-CA, A-ME-RI-CA.« Zusammen mit Hurtado werden weitere achtundfünfzig Militärs beschuldigt, derartigen Organisationen im ganzen Land anzugehören, die seit zwei Jahren vermeintliche Guerilleros, Bauern, Arbeiter, linke Poli-tiker und Studenten hingerichtet haben. Damals erzählte sie ihm, daß das Geschäft ihrer Mutter gehörte, daß sie Witwe war und daß sie im-mer nach Miami reiste, um Damenunterwäsche einzukaufen. Sie hatte klein angefangen mit dem Verkauf in ihrem Haus in La Castel-lana. Jetzt lebten sie in Rosales. Die Mutter hatte sich mit den Zoll-beamten vom Flughafen angefreundet, und so wurde das Geschäft einfacher – natürlich muß man den Gewinn teilen. Zwei weitere tauchten gestern im Stadtgebiet von Bello auf. Einer von ihnen, schätzungsweise neunzehnjährig, war mit einer blauen Hose und einem weiß gestreiften T-Shirt bekleidet, und der andere, sechsundzwanzigjährig, trug ein grünes Sweatshirt und ein blaues Hemd. Mit diesen beiden sind es acht diese Woche. Die Anzeigetafel zeigt Zwei zu Null für América; es ist die zweiundzwanzigste Minute der ersten Halbzeit. Er nimmt noch einen Schluck, Anamaría auch. Es ist ungefähr ihr dritter, und ihre Wangen glühen. Was für schöne Zähne sie hat, verdammt! Alberto sieht sie andauernd an. Das Mädchen, das mit ihnen gekommen ist, scheint die Freundin von José zu sein, weil er sich immer wieder zu ihr hinüberbeugt, um ihr etwas ins Ohr zu flüstern. Jetzt gibt Alberto Daniel Zeichen, er zeigt ihm sechs Finger, öffnet fragend Mund und Augen. Er deutet auf die Uhr. Daniel nickt bestätigend, Alberto weist auf den Nordausgang des Stadions und Daniel stimmt zu. Er erklärt Anamaría die Abmachung: »Wir treffen uns mit ihnen um sechs, wenn das Spiel zu Ende ist.« – »Wozu?« fragt sie. »Um irgendwo hinzugehen, zum Musik hören.« – »Okay«, sagt Anamaría.

Das Spiel endete Drei zu Zwei für Nacional. Jetzt stehen sie Schlange, für den Bus, der ins Zentrum fährt. Einzelne Grüppchen rufen noch: »NA-CIO-NAL-A-ME-RI-CA-NA-ME-CIO-RI-NAL-CA. Es lebe Nacional, Meister!« Grüne Fahnen, Menschen, die zu den Parkplätzen laufen, Essen- und Getränkeverkäufer. Die Autos setzen den Chor mit den Hupen fort: TÜT-TÜT-TÜT, NA-CIO-NAL, TÜT-TÜT-TÜT. Daniel nimmt Anamaría bei der Hand und seine Wut ist immer noch nicht vorbei. Der Polizeikommisar hat versichert, daß die Verantwortlichen bei den Linken selbst zu suchen seien, weil sie alte Rechnungen begleichen. Ein Limonadenverkäufer hat ihn mit Coca-Cola bekleckert, als er in der fünfundvierzigsten Minute der zweiten Halbzeit an ihm vorbeiging. Die Menge hatte ihn angestoßen, als América mit einen Schuß das Tor von Raúl Ramón verfehlte. Anamaría half ihm beim Abwischen. Sein Rücken ist immer noch klebrig. »Verdammt noch mal, es ist immer dasselbe in diesem Scheißstadion, auch wenn ich numerierte Eintrittskarten auf der hohen Tribüne im Schatten habe, überall sind sie gleich wild.« Vor vierzehn Tagen beim Spiel Santa Fe–Nacional, bekam seine Hose

Fettflecken von gebratenem Chorizo. Alberto und José kommen mit. Sie haben ihnen Marta Olga, eine Forstwirtschaftstudentin, vorgestellt – »Mann, ist die stark!« Das Merkwürdige an dem Ganzen ist, daß neunundneunzig Prozent von denen, die identifiziert werden können, eine kriminelle Vorgeschichte haben, was bedeutet, daß die Täter Zugang zu den offiziellen Archiven haben. Sie fahren im Stehen, werden geschubst, er steht dicht bei Anamaría, ihr Haar riecht noch nach Lavendel, er kommt noch näher, sie lacht, sie ist angeheitert vom Schnaps und von der Aufregung des Spiels. Hinten im Bus sind Betrunkene, die *Cielito lindo* singen. Es wird schnell dunkel, und der Bus beschleunigt auf der bereits mit Neonlicht beleuchteten Avenida Colombia. Am Berg von Robledo verabschiedet sich der Tag mit roten Wolken, aber Daniel denkt nicht daran, sondern an die Artikel, die er Tag für Tag verfassen muß – morgen auch, Montag, so'n Mist. Um acht Uhr früh wird er bei Pacho vorbeigehen: »Guten Morgen, Pacho.« – »Guten Morgen, Don Daniel. Wie fandest du das Spiel?« – »Seit Jahren haben wir so was nicht mehr gesehen. Nacional ist besser geworden. Es ist nicht mehr die elende Mannschaft, die wir letztes Jahr hatten; der Einkauf von Bonetti und Azuela und die Führung des Argentiniers Zubeldía haben dazu beigetragen, die Meisterschaft zu gewinnen.«

Schade, daß er nicht für Sport zuständig ist – was für ein Bericht das würde! Na ja, zumindest hat er freien Eintritt, auf Einladung der siegreichen Mannschaft. Seine Kontakte hat er noch. Der Bus bremst, und die, die stehen, halten sich an den Griffen fest, um nicht zu fallen. So kann er sich erneut gegen Anamaría drängen. Er spürt ihre Brüste und bekommt eine Erektion. Er weiß nicht, wie er sich beherrschen soll, dieses Synthetikhemdchen nicht zu zerreißen und diese kleinen, auseinanderstehenden Brüste nicht fest in seine Hände zu schließen. Wenn er sich etwas mehr anlehnen würde, würde sie's merken. José, etwas weiter hinten, sagt: »Gehen wir ins La Tasca.« – »Gut«, sagt Alberto. Daniel sieht Anamaría an und lächelt. »Geh'n wir«, sagt er. Sie steigen an der Ecke Junín aus. Es sind vier Querstraßen bis zu La Tasca Madrileña. Die frische Luft kühlt seine Lust ab. In den fünfziger Jahren gab es dreiunddreißig gewaltsame Tode auf tausend Einwohner, jetzt sind es hundertsiebzehn. Die Feldflaschen sind leer, und sie wollen mehr Schnaps. Paco, der Mann, der in

La Tasca bedient (weißes, überweites Hemd, bis oben zugeknöpft, dünn, graue Strähne, Hakennase), begrüßt sie. »Wie war das Spiel?« flötet er. Zur Zeit der Stierkämpfe wird La Tasca immer voll, aber jetzt ist kaum jemand da. Die Fußballfans gehen lieber in die Eisdielen in der Nähe des Stadions. Sie kommen hierher, vielleicht weil sie gern die aufgehängten Schinken sehen, die länglichen Flaschen, die in einer Reihe an der Wand aufgestellt sind und aussehen, als wären sie voller Urin; das Bild von Manolete im Torerokostüm, bei einem Ausfallschritt, eingerahmt von bunten Banderillas; weiter hinten ein Stierkopf mit Glasaugen. Außerdem können sie anschreiben lassen, wenn sie kein Geld haben. »Kamille?« fragt Paco. »Nein, Schnaps«, antwortet Daniel, »wir wollen feiern«. Und sie sprechen über das Spiel, von Roque Suárez, Raúl Ramón, Cobo und Azuela, vom Auftritt des Chilenen Canessa, von den Seiteneinwürfen, vom Elfmeter, den Ortiz rausholte, vom Entscheidungstor und von den Leuten und vom Schnaps, und Daniel bekommt Hunger: »Wie wär's mit etwas Schinken und Käse?« Anamaría sagt, daß sie nicht mehr lange bleiben kann und unterhält sich mit Marta Olga, lädt sie ins Geschäft ein und erzählt ihr von einer Sendung neuer BHs – sehr sexy –, die die Mutter von ihrer letzten Reise mitgebracht hat. »Nur bis acht, mein Schatz«, sagt er. Daniel muß auch früh aufstehen. Der Polizeikommissar schätzt den Bedarf der Stadt an Polizisten auf fünftausend, verfügt aber lediglich über tausendvierhundert Männer und tausendzweihundertdreizehn Revolver. Also bestehen die Schichten für die Patrouille in einer Stadt von eins Komma sechs Millionen Einwohnern aus dreihundertfünfzig Männern. Ihm stehen neun Funkstreifen zur Verfügung. Das heißt, ein Polizist für viertausendfünfhunderteinundsiebzig Einwohner und eine Streife für sechsundzwanzig Bezirke. Wozu soviel Aufregung wegen der Entführung von Don Roberto, wo es doch Tausende solcher Fälle gibt. »Ja, schenk mir einen ein, José. Danke. Klar, ich arbeite an einem Bericht über die Situation der Polizei in dieser Stadt. Aber der Kommissar hat sich nicht interviewen lassen. Manchmal macht er es mir so schwer, daß es fast so ist, als würde er mir den Zugang zum Kommissariat verwehren. Die Beförderung, die Don Vicente mir gegeben hat, finde ich interessant, ich verdiene mehr, aber man sieht Dinge, die schrecklich sind. Beim Sport ist viel Begeisterung dabei, man muß die Nachrichten objektiv wiedergeben, und alle Teams und die verschiedenen Sportarten angemessen behandeln. Ich war für Fußball zuständig, der die meiste Begeisterung hervorruft. Aber man arbeitet unabhängiger. Jetzt muß ich die Entwürfe der Leitung vorlegen, und die akzeptiert, was ich geschrieben habe, oder lehnt es ab. Donnerstagnacht habe ich eine Streife auf ihrer Runde durch die Stadt begleitet; ich brauchte Informationen aus erster Hand. Drei kamen ins Leichenschauhaus und mindestens sechsundzwanzig Verletzte in die Krankenhäuser. Ein Polizist beging im Dienst Selbstmord. Da das Gehalt schlecht ist, blüht die Korruption. Ein hoher Beamter sagte mir, daß in vier Monaten zweihundertzweiundvierzig Mann entlassen wurden. Neulich wurde eine Filiale der Banco de los Trabajadores überfallen, und es heißt, ein Polizist hätte mitten in der Schießerei über Funk geschrien, daß ihm seine Munition ausginge. Auf dem Polizeirevier war kein Nachschub, und der Kommissar mußte zum Ort des Raubüberfalls fahren. Durchschnittlich gibt es eineinhalb tote Polizisten pro Woche, und zwei Komma drei Verletzte.« – »Geh'n wir, es ist schon acht«, sagte Anamaría. Sie standen auf, Daniel bezahlt für beide, und sie gehen hinaus. Er hat das inzwischen zusammengefaltete Plastikkissen noch bei sich. Der Wind fegt durch die Straßen; es wird regnen. Auf einmal ist er vergnügt. Das letzte Tor geht ihm wieder durch den Kopf. »Wir haben gewonnen«, sagt er, sie lächelt. Er nimmt ihre Hand. Er denkt an seine Erektion und fühlt sie zurückkommen. »Es wird regnen«, sagt sie, »laß uns ein Taxi nehmen.« – »Ja, nehmen wir ein Taxi«, wiederholt er. Er denkt, dort könnte er sie auf den Mund küssen, und die Spannung zwischen seinen Beinen nimmt zu. Jetzt versucht er, sie beim Gehen aufs Haar zu küssen, aber sie schiebt ihn kokett weg. »Dort kommt eins«, er hebt die Hand, es hält. »Was kostet eine Fahrt nach Rosales?« Sie sitzen schon drin, der Wagen beschleunigt, um über die Ampel zu fahren, bevor sie umschaltet. Daniel ist glücklich.

Biographische Notizen

Fanny Buitrago, geb. 1943 in Barranquilla. Erzählerin, aufgewachsen in Calí, hat mit zwanzig Jahren ihren ersten Roman, *El hostigante verano de los dioses*, veröffentlicht und 1964 für ihr erstes Theaterstück, *El hombre de paja*, den Premio Nacional de Teatro erhalten. Sie war 1982 Gast des Berliner Künstlerprogramms des DAAD, reiste danach in verschiedene Länder Europas und kehrte nach einem USA-Aufenthalt nach Kolumbien zurück. Fanny Buitrago schreibt für verschiedene Zeitungen und Zeitschriften, arbeitet gelegentlich für das Fernsehen und lebt heute in Santa Fé de Bogotá. Ihre Erzählungen wurden mehrfach ausgezeichnet, einige sind ins Französische, Englische, Portugiesische und Deutsche übertragen worden.

Erzählungen: *La otra gente* (1973), *Bahía Sonora* (1975), *Los fusilados de ayer* (1987), *Líbranos de todo mal!* (1990).

Romane: *Cola de zorro* (1970), *Los pañamanes* (1979), *Los amores de Afrodita* (1983).

Kinderbücher: *La princesa chibcha* (1974), *La casa del abuelo* (1979), *La casa del arco iris* (1986), *Cartas del Palomar* (1988), *La casa del verde doncel* (1990).

Juan Gustavo Cobo Borda, geb. 1948 in Bogotá. Lyriker und Essayist, gab 1973–1984 die Zeitschrift *Eco* heraus, gründete 1975 die Zeitschrift *Gaceta*, die er bis 1982 leitete. 1975–1983 war Cobo Borda Direktionsassistent am Kolumbianischen Kulturinstitut in Bogotá, 1983–1989 Kulturattaché an der kolumbianischen Botschaft in Buenos Aires, heute ist er Leiter für kulturelle Angelegenheiten im kolumbianischen Außenministerium.

Gedichtsammlungen: *Consejos para sobrevivir* (1974), *Salon de té* (1979), *Casa de citas* (1980), *Almanaque de versos* (1989), *Dibujos hechos al azar de lugares que cruzáron mis ojos* (1991).

Essays: *La alegria de leer* (1976), *La tradición de la pobreza* (1980), *Alejandro Obregón* (1985), *Letras de esta América* (1986), *Poesía colombiana* (1987), *La narrativa colombiana después de García Márquez* (1989), *Alvaro Mutis* (1989), *Juan Cardenas* (1991).

Luis Fayad, geb. 1945 in Bogotá. Erzähler, hat als Journalist, als Dreh-
buchautor für das Fernsehen und als Dramaturg für Rundfunk und
Theater gearbeitet, kam 1975 nach Europa, lebte in Paris, Stockholm,
Barcelona und auf den Kanarischen Inseln. Luis Fayad war 1986 Gast
des Berliner Künstlerprogramms des DAAD und lebt seitdem als
Schriftsteller und Journalist in Berlin. Seine Erzählungen sind teil-
weise ins Deutsche übersetzt und in verschiedenen Anthologien veröffentlicht.

Erzählungen: *Los sonidos del fuego* (1968), *Olor de lluvia* (1974),
Una lección de la vida (1984).

Romane: *Los parientes de Ester* (1978, dt.: Auskunft über Esters
Verwandte 1987), *Compañeros de viaje* (1991).

Eduardo Gómez, geb. 1943. Lyriker, Essayist und Theaterkritiker, Mitbegründer des nationalen Schriftstellerverbandes Kolumbiens, studierte sechs Jahre in Deutschland Theater- und Literaturwissenschaft und hat in Kolumbien an verschiedenen Zeitschriften und für den Rundfunk gearbeitet. Er war Professor an den pädagogischen Universitäten De Los Andes und Javeriana, hat sich als Übersetzer von Brecht und Goethe einen Namen gemacht und gibt heute die Zeitschrift *Texto y Contexto* der Universität De Los Andes heraus.

Gedichtsammlungen: *Restauración de la palabra*, (1969), *El continente de los muertos* (1975), *Movimientos sinfónicos* (1980), *Poesía 1969–1985* (1986).

Essays: *Ensayos de crítica interpretativa – T. Mann, M. Proust, F. Kafka, Notas sobre el surgimiento del teatro moderno en Colombia, Historia baladesca de un poeta, Reflexiones y Esbozos – Poesia, teatro y crítica en Colombia* (1991).

Darío Jaramillo Agudelo, geb. 1947 in Santa Rosa de Osos, Antioquia. Lyriker, Erzähler und Essayist, ist Mitarbeiter an verschiedenen Zeitschriften wie *Eco, Nueva Frontera, Intermedio, Revista Iberoamericana, Review Latin American Literature and Arts, New Orleans Review*, arbeitet als Direktor des *Boletín Cultural y Bibliográfico* und im Redaktionskollegium der Zeitschrift *Golpe de dados*. Für sein Gedichtband *Tratado de Retórica* erhielt er den Nationalpreis für Poesie.

Gedichtsammlungen: *Historias* (1974), *Poemas de Amor* (1986), *77 Poemas* (1987).

Roman: *La Muerte de Alec* (1983).

Erzählungen: *Guia para viajeros* (1991).

Essays und Herausgaben: *La nueva historia de Colombia* (1976), *Sentimentario, antología de la poesía amorosa colombiana* (1985), *Antología de lecturas amenas* (1986).

Alvaro Mutis, geb. 1923 in Bogotá. Lyriker und Erzähler, aufgewachsen in Belgien, arbeitete in Kolumbien für *El Espectador*, lebt seit 1956 in Mexico-City und arbeitet heute für Columbia Pictures und als Kolumnist für *El País* und für lateinamerikanische Literaturzeitschriften. Alvaro Mutis hat für sein literarisches Werk zahlreiche Preise und Ehrungen erhalten, seine Gedichte sind ins Französische, Englische, Russische, Rumänische, Italienische, Portugiesische, Deutsche und Griechische übertragen worden.

Gedichtsammlungen: *La balanza* (1948), *Los elementos del desastre* (1953), *Los trabajos perdidos* (1964), *Summa de Maqroll el Gaviero* (1973), *Caranvansary* (1982), *Los Emisarios* (1984), *Crónica regia y alabanza del Reino* (1985), *Un homenaje y siete nocturnos* (1987).

Erzählungen: *Diario de Lecumberri* (1960), *La mansión de Araucaíma* (1973), *La ultima escala del Tramp Streamer (1989)*.

Romane: *La nieve del Almirante* (1986, dt. Der Schnee des Admirals 1989), *Ilona Ilega con la Iluvia* (1988), *Un bel morir* (1989) – bilden zusammen die Trilogie *Empresas y tribulaciones de Maqroll el Gaviero*.

Alvaro Pineda Botero, geb. 1942 in Medellín. Erzähler und Literatur-
kritiker, hat Literaturwissenschaft studiert und an der State Univer-
sity of New York promoviert. Er arbeitet als Professor für Literatur
und schreibt seit 1986 regelmäßig Literaturkritiken für *El Colombia-
no* und andere lateinamerikanische Zeitschriften. Sein Roman *Tras-
plante a Nueva York* erhielt 1983 den Nationalpreis für Literatur. Alvaro Pineda Botero lebt heute in Santa Fé de Bogotá und arbeitet an
einem neuen Roman.

Romane: *El diálogo imposible* (1981), *Gallinazos en la baranda*
(1986).

Essays: *Teoría de la novela* (1987), *Del mito a la postmodernidad,
la novela colombiana de finales del siglo XX* (1990).

Héctor Rojas Herazo, geb. 1921 in Tolú, Sucre. Maler, Lyriker, Erzähler und Essayist, war lange Jahre in Madrid und lebt heute wieder in Kolumbien.

Gedichtsammlungen: *Rostro en la soledad* (1951), *Tránsito de Caín* (1953), *Desde la luz preguntan por nosotros* (1956), *Agressión de las formas contra el ángel* (1960).

Romane: *Respirando el verano* (1962), *En noviembre llega el arzobispo* (1967), *Celia se pudre* (1986).

Essays: *Señales y garabatos del habitante* (1976).

David Sánchez Juliao, geb. 1945. Erzähler, besuchte das Jesuitenkolleg in Medellín, studierte Soziologie in Barranquilla und lehrte als Professor an verschiedenen Universitäten Kolumbiens, Lateinamerikas und der USA. David Sánchez Juliao ist heute der Botschafter Kolumbiens in Indien. Seine Romane und Erzählungen wurden mehrfach ausgezeichnet, einige sind ins Griechische und Chinesische übersetzt worden.

Erzählungen: *Historias de Raca Mandaca* (1975), *El Arca de Noé* (1976), *Nadie es profeta en Lorica* (1978), *El pachanga, el flecha, Abraham Al Humor* (1981), *Aqui yace Julián Patrón* (1989).

Romane: *Cachaco, Paloma y Gato* (1977), *Pero sigo siendo el Rey* (1983), *Mi sangre aunque plebeya* (1987), *Buenos días, América* (1988).

Kinderbuch: *El país más hermoso del mundo* (1989).

Quellen und Rechtsvermerke

Fanny Buitrago, Lecciones gratuitas, aus: Historias que mis amigos me contaron, unveröffentlichtes Manuskript. Tumba de junio, aus: Bahía Sonora, Bogotá 1981, © Fanny Buitrago.

Juan Gustavo Cobo Borda, Que quiere decir te quiero o una aproximación lírico-fenomenológica al Bolero, aus: La otra literatura latinoamericana, Procultura S. A., El Ancora Editores, Bogotá 1982. Por el agua de bordes dorados (En el corredor de los ruiseñores, Para borrar la realidad, Schinto, Haiku, El impío, Dibujos hechos al azar de los lugares que cruzáron mis ojos, Tokio: Abril 26 de 1990, En tu nombre y por tu causa, Desplegando un Kakemono, Samurai, Contrapunto, Zoo), aus: Golpe de dados, Nr. CXI, Bd. XIX, Bogotá, Mai-Juni 1991, © Juan Gustavo Cobo Borda.

Luis Fayad, El hombre y el perro, aus: Olor de lluvia, 1974. Una tarde en el pueblo, aus: Los sonidos del fuego, 1968, © Luis Fayad.

Eduardo Gómez, La ciudad delirante, Desnudez, Requiem sin llanto, Enigma y tierra firme, Anonimo, Restauración de la palabra, Melancolia de los cuerpos, Reflexión amorosa, El personaje, Una esperanza, La magia de la noche, El ciclo del silencio, aus: Poesía 1969–1985, © Eduardo Gómez.

Darío Jaramillo Agudelo, Poemas de amor, aus: Poemas de amor 1976–1983, Colección literaria, Fundación Simon y Lola Guberek, Bogotá 1989, © Darío Jaramillo Agudelo.

Alvaro Mutis, Sharaya, aus: Obra literaria, Prosas, Nueva Biblioteca de cultura, Bogotá 1985. Diez Lieder, erschienen bei Fondo de Cultura Económica, Mexico-City, 1984, © Alvaro Mutis.

Alvaro Pineda Botero, Goool!, aus: Gallinazos en la baranda, Plaza & Janes, Bogotá 1986, © Alvaro Pineda Botero.

Héctor Rojas Herazo, Celia se pudre, aus: Celia se pudre, Ediciones Alfaguara, Madrid 1987, © Héctor Rojas Herazo.

David Sánchez Juliao, Porqué me llevas al hospital en canoa, papa?, aus: ¿Porqué me llevas al hospital en canoa, papa?, Plaza & Janes, Bogotá 1983, © David Sánchez Juliao.

Die deutsche Erstveröffentlichung der Texte erfolgt mit freundlicher Genehmigung der Autoren. Nachdrucke bedürfen der Zustimmung des Hauses der Kulturen der Welt, Berlin.